TU SEI RETE

LA RIVOLUZIONE DEL BUSINESS, DEL MARKETING E DELLA POLITICA ATTRAVERSO LE RETI SOCIALI

di Davide Casaleggio

CASALEGGIO ASSOCIATI
STRATEGIE DI RETE

Proprietà letteraria © 2013 Casaleggio Associati
ISBN: 978-88-90182-65-5
copertina: Pietro Era
Foto: *Io non ho mani che mi accarezzino il volto* di Simone Giacomelli

Sommario

PREFAZIONE
di Alessandro Bergonzoni

Dobbiamo montarci la testa, montarla! L'abbiamo sul comodino: va
montata! A vita, a vita! Se no non funziona! La testa va montata! Chi è
steso al potere a prendere il sole, ci prende il sole. Non voglio il sole?
Voglio il sole. Non chiedo la luna, lo voglio il sole! Non ce ne facciamo
una ragione? Cerchiamo tutte le ragioni! Usiamo le furbici per tagliare. Le
furbici per tagliare.

Gli spenti. Abbasso gli spenti, non siamo spenti! Noi non andiamo a
elica, andiamo a reazione: questa piazza è una reazione! Una reazione!
C'è una monarchia che ci piace: il suo re è re-agire e re-sponsabile.
Sono i due re che noi vogliamo. Re-agire! Certe volte siamo avversari del
cane, ma amici dell'osso. Siamo conniventi.

Ribelliamoci, torniamo al bello. Ri-bello. Rivoglio il bello! La metereologia
sociale, culturale, antropologica, filosofica.

Dove siamo arrivati? Il problema non è dove siamo arrivati, è quando
cominciamo. Oggi! Cominciamo oggi! Ora! È la cosa importante.

Dice: "ma è una forma di violenza". La violenza brutta e cattiva non
mi piace, ma siccome c'è quella bella e buona...usiamo la violenza
bella e buona! Devono dormire preoccupati. Dormire preoccupati. Non
possiamo solo chiedere gli autografi alle persone, dobbiamo anche
dire "non va!". Chiediamo a certi giornalisti che vanno a chiedere a una
persona che non è ancora condannata che cosa ha fatto o al padre di un
bambino morto cosa si prova ad avere un figlio morto, chiediamo a quel
giornalista di andare da un'altra parte! Non lì! Questa non è politica, è
cultura, è cultura!

Chi è Stato? Noi siamo Stato! Chi è Stato? Noi siamo Stato! Loro sono
stati? No, no, non so, ma loro non sono Stato. Vanno contestati. E lo
Stato è uno Stato pietoso? Non lo so. Cerchiamo di essere maiuscoli!
L'uomo deserto insabbia e vende miraggi. Non si può. Il popolo degli

zittiti non esiste, gli zittiti non esistono! Attenzione ai mezzi di distrazione di massa! Certa televisione, certi reality, certo calcio, certe ore spese a cazzeggiare!
E intanto pensiamo ad altro. Meno morbo di "Cronic", il morbo della cronaca. Meno cronaca, parliamo d'altro. A forza di ridere restano. Basta scherzarci sopra, dobbiamo non starci sotto!
Il campanello d'allarme lui l'ha suonato. Abbiamo suonato il campanello. Possiamo andare su e vedere cosa c'è, suonando il campanello d'allarme? Questa è la domanda. L'intelligenza e l'onestà sono una dogana, non passano tutti. Scendiamoci in testa, non basta una piazza. Ogni giorno possiamo fare una manifestazione interiore, nella propria testa! L'abbiamo un'anima o abbiamo solo un corpo? È una domanda. Siamo feriti dall'illegalità e le bende ce le mettono sugli occhi. Non è lì che vanno le bende. Protesta interiore.
L'altra domanda che mi faccio è: è importante vedere perchè Tanzi è arrivato lì, cosa facciamo nella scuola e nell'Università perchè non si formino industriali di quel genere? Cosa si fa? Questo è il tema! Chiudo. La casa di tolleranza. Torniamo a casa, non tolleriamo più! Non tolleriamo più! I partiti dei partiti!
Pensare! Pensare!"

1. LE RETI SONO INTORNO A NOI

1.1 Le reti sono intorno a noi

Le reti sono ovunque intorno a noi. Fino a qualche anno, fa le relazioni tra persone, oggetti ed eventi erano attribuite al caso. L'unico modo per ipotizzare il funzionamento dei sistemi complessi era attribuirne le ragioni ad avvenimenti casuali.

La vita e l'evoluzione delle reti seguono invece leggi precise e la loro conoscenza permette di utilizzare le reti a nostro vantaggio.

I biologi hanno scoperto la propagazione del cancro, gli economisti che alcuni amministratori controllano un vasto insieme di società, sedendo in più consigli d'amministrazione, gli storici come alcune città siano diventate capitali, l'Interpol la struttura delle reti terroristiche. Tutto è diventato una rete da studiare, modellare, modificare. La capacità elaborativa dei computer, unita alla decodifica di alcuni sistemi complessi come la mappa del DNA, di Internet e delle relazioni sociali ha permesso di verificare su vasta scala nuove leggi.

Le leggi a cui obbediscono i sistemi che ci circondano non sono intuitive, "essere nella media" perde di significato. In queste reti si passa di stato: le caratteristiche delle singole parti hanno un significato diverso con il variare dei loro valori.

Luminari e pionieri in diversi ambiti di applicazione hanno intuito le potenzialità delle reti e le hanno sviluppate.

In Bangladesh è stata creata una banca per i poveri, dove i tassi di restituzione dei prestiti sono superiori rispetto alle banche tradizionali, grazie all'uso di reti di persone che si rendono garanti tra loro. I gruppi di persone e le relazioni sono alla base di una rivoluzione silenziosa della politica. I movimenti popolari si coordinano in modo autonomo tramite comunicazioni interpersonali. Con gli SMS e le email, il governo spagnolo è stato messo in crisi dalla popolazione prima delle elezioni del 2004, in Venezuela è stato ribaltato un colpo di Stato e molte campagne elettorali sono state influenzate da questo fenomeno, dalla Francia all'Indonesia agli Stati Uniti.

Analizzando i principi di trasmissione delle malattie, è stato possibile comprendere la diffusione, evoluzione e scomparsa di epidemie, come l'influenza Spagnola di inizio '900, che uccise più persone della Prima Guerra Mondiale.

Lo studio delle reti ha permesso di rivoluzionare i sistemi di trasporto. I servizi postali rimasero immutati per duemila anni: la velocità di trasporto di una lettera a metà dell'800 era inferiore a quella dei Romani. La situazione cambiò quando il trasporto fu pensato come una rete, con l'introduzione di strumenti di trasmissione: i francobolli e le buche delle lettere.

Su queste leggi, si sono sviluppati strumenti per il marketing, il business e l'organizzazione. Una delle proprietà più sorprendenti delle reti è la presenza di "piccoli mondi": ambienti anche vasti, all'interno dei quali tutti i membri possono mettersi in contatto tra loro in modo immediato. Chiunque di noi può contattare uno dei sei miliardi di individui nel mondo attraverso una catena di sei conoscenze. Questa proprietà permette alle informazioni di circolare rapidamente e su questo concetto si sono basate nuove soluzioni commerciali che sfruttano il capitale relazionale aziendale e tecniche di marketing virale.

A livello aziendale, il concetto di auto-organizzazione segue le leggi delle reti e permette di gestire sistemi complessi, atraverso semplici regole di comportamento. In questo modo i formicai riescono a funzionare senza alcuna gerarchia di comando e molte aziende hanno utilizzato i principi

dell'auto-organizzazione per snellire i processi decisionali.
Molte società hanno utilizzato questa nuova visione di mondo in rete per nuove prospettive di business. La rete di relazioni interpersonali è stata utilizzata per stabilire dei contatti, per organizzarsi, condividere risorse, ottimizzandone l'utilizzo e sviluppare progetti, grazie alla creazione di un'intelligenza collettiva, formata da molte menti, con un obiettivo comune.

1.2 La banca del villaggio: Grameen Bank

La Grameen Bank è un esempio di come una rete di persone possa cambiare il mondo in cui viviamo. Nel 1976 l'economista indiano Muhammad Yunus, al tempo professore universitario di economia, volle aiutare i suoi concittadini in Bangladesh. Le persone erano spesso costrette alla fame, pur lavorando continuamente. Yunus cita una ragazza che guadagnava due centesimi al giorno, nonostante creasse degli stupendi sgabelli di bambù. Non disponendo dei soldi per acquistare il bambù, la ragazza era costretta a rivolgersi ad un commerciante, che le prestava i soldi. In cambio esigeva che gli sgabelli gli fossero venduti a un prezzo molto inferiore a quello di mercato.

Muhammad Yunus stilò una lista di 42 persone a suo avviso meritevoli di ricevere un prestito, arrivando ad un totale di 27 dollari totali. Yunus decise che i prestiti fossero restituiti con gli interessi. In questo modo il sistema avrebbe potuto autososteners ed espandersi senza dipendere da nessuno. Si rivolse quindi alle banche per espanderlo con la propria garanzia personale. Tutti restituirono i soldi. Le persone povere si dimostrarono più solvibili delle persone ricche, che in Bangladesh hanno una pessima reputazione per la restituzione dei prestiti. In seguito, l'iniziativa si espanse, fino ad ottenere il riconoscimento formale di banca privata indipendente nel 1983.

Il successo del sistema risiede nella creazione di un meccanismo che garantisce il rimborso dei prestiti concessi a persone ritenute ad alto rischio dal sistema bancario. I prestiti sono accordati a gruppi di cinque persone (prevalentemente donne) che si aiutano a vicenda, a garanzia che ognuna riesca nella propria iniziativa. Se ogni membro del gruppo restituisce il prestito, tutti possono chiederne altri, in caso contrario, nuovi prestiti sono negati. I membri del gruppo non sono però obbligati a pagare il debito degli insolventi. Grameen Bank vanta ben il 98.85% di prestiti rimborsati nei termini prestabiliti.

Questo meccanismo permette di creare un incentivo allo spirito di gruppo e di risolvere il problema della selezione dei debitori, che si scelgono a vicenda.

In particolare, il sistema ha permesso di creare un'impresa con finalità benefiche e redditizia allo stesso tempo. Nel 1995 la Grameen Bank ha deciso di non accettare più donazioni e dalla sua nascita ha prodotto sempre utile, tranne negli anni 1983, 1991 e 1992. Il tasso di interesse praticato dalla Grameen Bank è inferiore a quello praticato dal governo e per i mendicanti il tasso di interesse è zero. Nel caso di morte del debitore, il debito è estinto. Ogni anno vengono prestati circa 500 miliardi di dollari ed il progetto della Grameen Bank è stato replicato in oltre 100 Paesi. Nel 2006 Yunus ha ricevuto il premio Nobel per la pace per la sua attività nel microcredito.

1.2.1 Il ruolo del gruppo nella rete

Gli attori di una rete tendono a organizzarsi in gruppi. Questo consente
di raggiungere obiettivi di sopravvivenza, come cacciare o lavorare, o
di piacere, come giocare in una squadra di pallavolo. Gli appartenenti al
nostro gruppo, o comunque le persone che consideriamo simili a noi, i
nostri *pari*, sono più di altri in grado di convincerci ad agire in un certo
modo. Il numero di persone che appartengono ad uno stesso gruppo è
però limitato dalla nostra capacità di gestire le relazioni con altri.
Nel caso della Grameen Bank l'utilizzo di gruppi di credito si basa
sull'idea che persone in condizioni simili possano raggiungere
l'obiettivo comune della restituzione del prestito. Il fatto che i gruppi
siano composti da cinque unità permette, da un lato, la creazione di
un gruppo minimo e dall'altro, un'interazione diretta e continua tra
tutti gli individui. Non a caso, il gruppo di conversazione studiato in
antropologia[1] è costituito da circa quattro persone.

L'azione dei nostri pari

La pressione che i nostri pari esercitano su di noi, il "peer pressure",
è una particolare condizione nella quale le persone che conosciamo
ci spingono ad agire. Il concetto di condizionamento è stato studiato
dal sociologo Asch che sottopose ad alcuni test i suoi studenti. Asch
verificò che le persone erano spesso orientate alla risposta sbagliata,
se molti rispondevano, volutamente, in modo errato. Il concetto di
influenza è stato anche verificato durante gli acquisti. Uno studio
del 2003[2] su clienti olandesi di grandi magazzini ha dimostrato che

---

1   L'antropologo Robin Dunbar identifica il gruppo di conversazione umano in 3,8 persone.

2   The impact of social networks on consumer's value attitude systems and store loyalty, A. Hoffman e M.

la scelta del negozio è correlata alla rete di relazioni personali, il nostro "social network". Più amici e familiari fanno acquisti in un certo negozio, più siamo propensi a sceglierlo. In particolare, si è condizionati dalle valutazioni sul rapporto prezzo/qualità, sul personale e sulla bontà dei prodotti. Lo studio ha dimostrato che la scelta e la fidelizzazione ad un negozio dipendono dal nostro social network.

Il numero magico: 150

Il numero di persone che può influenzarci con il peer pressure è limitato a coloro ai quali siamo uniti da un legame duraturo. Con l'aumentare delle nostre conoscenze, vi è un punto in cui non si riesce più a gestire i rapporti, un limite al numero di persone con cui si è in grado di relazionarci.

L'antropologo Robin Dunbar è riuscito ad individuare la dimensione massima di un gruppo per ciascuna specie vivente.[3] Il numero di individui con i quali possiamo relazionarci è legato alla dimensione del nostro cervello. Analizzando i primati si vede, infatti, che più è grande il cervello, maggiore è la dimensione media del gruppo in cui vivono. Sono gli umani ad avere i gruppi sociali più grandi, perché la loro corteccia cerebrale è la più estesa.[4] Secondo l'equazione messa a punto da Dunbar, l'uomo può relazionarsi in un gruppo con al massimo 147,8 altre persone (circa 150).

A sostegno di questo numero, Dunbar analizzò anche il numero medio

Teerling, 2003

3   R.I.M Dunbar, "Neocortex size as a constraint on group size in primates", Journal of Human Evolution (1992), vol. 20, pp.469-493

4   Dunbar è riuscito a definire una equazione per identificare la massima grandezza per ogni specie: $Log10(N)=0,093+3,389Log10(CR)$; dove N è la dimensione del gruppo e CR il „neocortex ratio" (rapporto tra la dimensione della corteccia cerebrale ed il cervello nel suo complesso, per l'uomo è 4,1).

di abitanti di alcuni villaggi autosufficienti nel mondo e verificò che corrispondeva incredibilmente a 148,4.

Superato questo limite, si possono avere altre relazioni ma, con la crescita del gruppo, il tempo e la capacità cognitiva dedicati alle singole relazioni diminuiranno. Saremo quindi costretti a decidere quali legami privilegiare.

I militari sanno che il numero di uomini coinvolti in un'operazione congiunta deve essere inferiore a 200, altrimenti le gerarchie ed i meccanismi di controllo per garantire l'efficienza del gruppo diventano ingestibili. In un gruppo con meno di 150 soldati, le formalità non sono necessarie ed il comportamento può essere controllato su base personale.

Alcuni gruppi religiosi hanno stabilito nei secoli la dimensione massima delle loro colonie in 150 unità. Questo vale per la setta religiosa degli Hutterit, che è distribuita in diverse comunità nel South Dakota e in Manitoba. Se il numero è superato "le persone diventano estranee tra loro"[5] e si sviluppano dei clan all'interno del gruppo. Per questo, da centinaia di anni, quando una colonia supera questo numero viene divisa in due.

Nel campo aziendale, Gore Associates, la società che ha fra i propri prodotti il materiale Gore-Tex, adotta la regola del 150 per la propria organizzazione interna. Se una fabbrica supera le 150 persone, viene scissa in due. Ogni fabbrica ha 150 posteggi. Quando le macchine superano i posti disponibili, viene avviata la costruzione di un'altra sede. Nella società i salari sono decisi in modo collegiale, non esistono titoli o capi: tutti sono semplicemente "associati" e lavorano insieme come una squadra di pari grado. Wilbert Gore, il fondatore, dichiarò:

---

5   "When things get larger than that [ndr 150], people become strangers to one another." Leader Hutterit.

"scoprivamo continuamente che le cose si complicavano appena si arrivava a centocinquanta."[6] La strategia sembra aver pagato, dato che il tasso di turnover dei 6.800 associati è meno della metà del settore.[7]

6   "We found again and again that things get clumsy at a hundred and fifty", Wilbert "Bill" Gore, fondatore della società.

7   5% rispetto al 13% medio del settore.

1.3 I messaggi attraversano la storia

Quando si passa da gruppi chiusi a società allargate, è necessario progettare sistemi di comunicazione. L'informazione ha permesso alle grandi civiltà della storia di prosperare ed espandersi. Da sempre le informazioni sono state trasmesse tramite reti di persone, strade o computer. Più un impero si estendeva, maggiore era la necessità di disporre di un sistema di comunicazione efficiente per conoscere gli eventi con tempestività. Oggi l'informazione è immediata, capillare, distribuita. Fino a metà '800 l'informazione viaggiava su carta e le lettere erano consegnate a cavallo, il mezzo più veloce a disposizione. Lo stesso sistema utilizzato dall'Impero Romano, che per più di millecinquecento anni è rimasto il più efficiente: 270 chilometri di percorrenza giornaliera per spedire una lettera in qualunque parte del Mediterraneo.

L'Impero Romano ha avuto un'estensione maggiore rispetto a qualunque Stato Europeo successivo: disponeva di 82 mila chilometri di strade pavimentate più un'ampia rete di strade secondarie protette dall'esercito e con approvvigionamenti per i corrieri. Questo sistema di strade era denominato *cursus publicus* e permetteva di raggiungere ogni punto del Mediterraneo. Roma lo realizzò per comunicare con i governatori e gli ufficiali in territori distanti dalla capitale. Il cursus publicus consisteva in una serie di strade dello Stato con stazioni di staffetta chiamate "posta", termine che deriva da posata, o pausata, cioè posto di riposo. Ad ogni punto di posta, veniva cambiato il cavallo, che viaggiava sempre al galoppo e, dopo dieci sostituzioni, il cavaliere poteva riposarsi, ottenendo il cambio. Lo stesso meccanismo era stato utilizzato nel 2400 A.C.

dai Faraoni e nel 550 A.C. nell'Impero Persiano di Ciro il Grande per diffondere gli editti ed i dispacci.[8]

Gengis Khan utilizzò la comunicazione come parte integrante della sua strategia militare. L'Imperatore mongolo voleva disporre di informazioni dettagliate sugli avversari e sulle vicende del suo Impero; a tal fine istituì un minuzioso sistema di informazione giornaliero, attraverso i "cavalieri-dardo", sfruttando la loro abilità nel cavalcare ininterrottamente. I messaggeri dei nemici venivano sistematicamente uccisi, per distruggere il loro sistema di comunicazione.

La struttura di informazione mongola fu la salvezza dell'Europa quando, nel 1241, morì Ugheday, il successore di Gengis Khan. I cavalieri-dardo comunicarono immediatamente la morte a tutti i guerrieri mongoli che, dopo aver conquistato i Paesi dell'Est Europa, erano alle porte di Vienna. Secondo le prescrizioni della "Jassa", la raccolta di leggi dell'Impero mongolo, i discendenti di Gengis Khan dovettero far ritorno in Mongolia per eleggere il successore, liberando l'Europa dall'assedio.

Ancora nel '600, nelle società dove scrittura e cavalli non erano conosciuti, le persone imparavano a memoria i messaggi che si trasmettevano l'un l'altro. I corridori Inca, detti *chasqui*, erano allenati fin da piccoli e coprivano una rete di diecimila chilometri di strade tra montagne andine e ponti sospesi. Ogni punto di sosta (*tambo o choza*) era distante circa due chilometri dal successivo e conteneva dai quattro ai sei uomini, a seconda dell'importanza della tratta.

In mancanza di una lingua scritta, i messaggi venivano imparati a memoria dai corridori. Per la contabilità dell'Impero venivano utilizzati dei

---

8   Il sistema postale più antico ancora esistente è quello cinese. Oggi utilizza i mezzi moderni, ma l'organizzazione è l'evoluzione diretta del sistema postale inventato all'inizio della dinastia Chou (1122-221 A.C.) ideato per recapitare documenti governativi.

cordini di diversi colori annodati, detti *quipu,* per tenere traccia di nascite e morti, produzioni di grano e nuove leggi. I *quipu* erano interpretabili solamente dai contabili dell'Impero, i *quipucamayoc.* In ogni distretto erano mantenute quattro copie identiche dei messaggi, per evitare errori o perdite di informazioni. Un antico sistema di "backup"[9].

Nonostante questo sistema assomigli molto al gioco del "telefono senza fili", i messaggeri riportavano esattamente il messaggio originale che poteva passare attraverso centinaia di corrieri.

L'elevata efficienza delle vie di comunicazione e la velocità raggiunta dai corrieri erano tali da permettere la consegna di pesce fresco in cima alle Ande, in un solo giorno, con percorsi di 240 chilometri.

I 690 chilometri che separano Cuzco da Lima erano coperti in tre giorni dai corridori Inca. Gli spagnoli, 200 anni dopo, a cavallo, impiegavano ben dodici giorni per trasmettere un messaggio tra le due città.

Le società di capitali europee durante il Rinascimento avviarono i sistemi di corrispondenza privata per i rapporti commerciali.

Nella penisola italica, tutte le maggiori città erano collegate fra loro. Siena, Firenze e Genova disponevano di collegamenti con cittadine nel nord della Francia e Venezia disponeva di un collegamento postale con Costantinopoli.

Il servizio divenne profittevole nella seconda parte del '400, quando la corrispondenza privata aumentò grazie all'invenzione della stampa.[10]

Nel '600 i governi nazionali compresero che la competizione non era conveniente per i nuovi sistemi di recapito di corrispondenza privata.

---

9   Il "backup" è una procedura informatica che prevede la duplicazione periodica, su supporti di memoria, delle informazioni presenti sui dischi di una stazione di lavoro o di un server.

10   Il recapito di posta privata fu legalizzato nella prima parte del 1600 (1627 in Francia e nel 1635 in Gran Bretagna).
Cinquant'anni dopo (1672) la Francia trasformò tutti i sistemi postali in monopoli statali.

Iniziò quindi un'opera di conversione di servizi privati in pubblici. Ad esempio, il servizio Penny Post[11], che consegnava all'interno della città di Londra, fu chiuso dal governo nel 1682 e riaperto come agenzia governativa. Lo stesso avvenne a Parigi un secolo più tardi.

Il britannico Rowland Hill rivoluzionò il sistema postale con la sua riforma[12] nel Regno Unito. Hill fu il primo a considerare la consegna della corrispondenza in ottica di rete.

Un passo fondamentale fu la scoperta che il costo del trasporto della singola busta era poco significativo rispetto al costo totale di gestione del sistema di spedizione. Su questa base, si cambiò il sistema di tariffazione, fino ad allora basato sulle distanze. Il prezzo quel momento venne basato sul peso: un penny per ogni mezza oncia.

Nello stesso periodo fu inventato il francobollo. Il primo, detto "penny black", fece la sua comparsa nel 1840. Il francobollo, insieme all'introduzione delle buche delle lettere, moltiplicò la diffusione del servizio.

Il francobollo permise un ulteriore risparmio sui messaggi. Esattamente come oggi le persone utilizzano i cellulari per usare gli squilli gratuiti come messaggi, nel primo '800 le persone si inviavano pacchi contraddistinti da segni convenzionali. La spedizione era a carico del ricevente, che poteva rifiutare il pacco dopo aver letto il messaggio.[13]

A metà dell'800, la soluzione migliore per il recapito dei messaggi era il cavallo. Il messaggio di insediamento del Presidente Abramo Lincoln viaggiò con il Pony Express, che per l'occasione raggiunse il suo

---

11 Primo servizio al mondo ad offrire un bollo prepagato nel 1680.

12 "Post Reform: Its Importance and Practicability", Rowland Hill

13 Il Italia il primo francobollo fu adottato nel 1850 nel Regno Lombardo Veneto. Nel 1870 venne inventata la cartolina, rinunciando alla segretezza del messaggio si diminuiva il costo di invio.

record di velocità: sette giorni e 17 ore, per attraversare il continente
nord americano. Il servizio di Pony Express fu creato il 3 aprile del
1860 negli Stati Uniti, per recapitare messaggi da una costa all'altra
del nord America. Solo sedici mesi dopo, il 24 ottobre 1861, fu chiuso.
Per un anno e mezzo, rimase l'unico servizio di recapito affidabile per
il trasporto terrestre sulla lunga distanza, ma non ebbe il tempo di
diventare profittevole, fallì e venne venduto all'asta.
Nel 1861 venne introdotto il telegrafo, che permise l'invio di un
messaggio da un ufficio all'altro in modo immediato.
La tecnologia fu sperimentata per la prima volta negli Stati Uniti il 24
maggio 1844, con la trasmissione di una citazione della Bibbia "What
hath God wrought!", cioè "Cosa ha fatto Dio!". Il messaggio fu inviato da
Samuel Morse dall'Alta Corte di Giustizia di Washington al collaboratore
Alfred Lewis Vail presso la stazione ferroviaria di Baltimore & Ohio. Tre
anni dopo il telegrafo venne introdotto in Germania. Il telegrafo si diffuse

Il Pony Express: 3 aprile 1860 - ottobre 1861

velocemente e, con esso, il problema di collegare i continenti. Dopo
numerosi tentativi falliti, nel 1866 venne posato dal vascello britannico

"The Great Eastern" un cavo di tremila miglia nell'Atlantico tra Europa e Stati Uniti, che avviò una nuova era nelle comunicazioni.

1.3.1 Le reti e loro importanza

Le forme viventi e gli elementi che compongono il nostro mondo possono essere analizzati in relazione al contesto che li circonda. Ognuno di noi può essere considerato in funzione del proprio *ruolo sociale*, cioè di come, quanto e con chi si relaziona.

Le reti sono composte da due elementi: i nodi e le connessioni. I nodi sono le componenti della rete: le città in una rete stradale, le persone nella società, le cellule in un organismo. Le connessioni sono ciò che lega i nodi fra loro: nelle reti stradali sono le strade, nella società le conoscenze tra persone, nell'organismo l'interazione tra cellule.

Proprietà di una rete

In ogni rete esistono indicatori che permettono di capirne il funzionamento e l'evoluzione.
Se i messaggi possono partire e raggiungere qualunque nodo della rete, la *rete* è *connessa*. Per avere una rete connessa non è necessario che tutti i nodi siano collegati fra loro direttamente, ma è sufficiente che la media dei collegamenti di ogni nodo superi l'unità. Al superamento di questa soglia, la rete cambia la sua natura, ha un cambiamento di fase: da molti piccoli raggruppamenti, si passa ad un solo grande componente interconnesso.[14]

---

14   Erdòs, Renyi "On Random Graphs I" pubblicato in Publ. Math. 6 dicembre 1959, p290

La connettività di una rete random

Per ottenere un sistema che abbia sufficienti collegamenti per essere considerato connesso è necessario che la maggior parte dei nodi siano raggiungibili partendo da uno qualunque della rete.
Un esempio è un ipotetico Paese del Terzo Mondo che deve realizzare una rete di collegamenti stradali tra 50 città ed in cui il Ministero dei Trasporti crea le vie di comunicazione a caso. Il Paese, inoltre, è in bancarotta e può aprire un numero di strade limitato. Se dovessimo collegare ciascuna città con tutte le altre, occorrerebbero ben 1.225 strade. A questo problema ha dato risposta Erdos, uno dei matematici più famosi del secolo scorso.

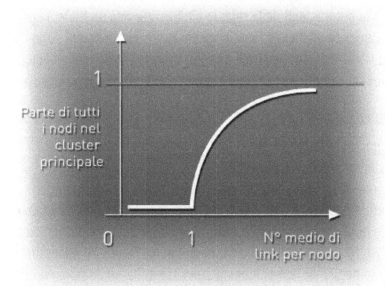

Con sole 98 strade scelte a caso, appena l'8% del totale delle connessioni possibili, si garantisce il collegamento alla stragrande maggioranza delle città.[15]

I "sei gradi di separazione" che ci dividono da una qualunque persona nel mondo hanno fatto conoscere lo studio delle reti al grande pubblico e ci hanno resi consapevoli che la rete di conoscenze nel mondo è una sola. Tramite gli amici dei nostri amici, possiamo raggiungere chiunque nel mondo, con una serie di sei passaggi tra persone che si conoscono tra loro.

Per capire come questo possa avvenire, si ipotizzi che ogni persona conosca 100 persone. Se chiedessimo loro di radunare i conoscenti, si arriverebbe a 10 mila persone. Al terzo passaggio, si raggiungerebbero un milione di persone, al sesto ben mille miliardi. Nel mondo sono presenti sei miliardi di persone.

Un punto debole di questo ragionamento risiede nelle amicizie in comune. Le persone tendono a formare gruppi chiusi. Gli amici dei nostri conoscenti non ci saranno totalmente nuovi. Per valutare questo fenomeno di aggregazione, viene usato un indicatore detto *coefficiente di clustering*[16], che segnala la presenza di raggruppamenti all'interno di una rete. Con riferimento ad una rete di amicizie tra persone, il coefficiente è uguale a uno se tutti i nostri amici si conoscono fra loro ed è pari a zero se nessuno dei nostri amici si conosce.[17]

I sei gradi di separazione sono il *diametro* della rete di relazione tra gli abitanti della Terra. Questo valore indica quanto una rete sia interconnessa. Si può misurare la distanza tra i due nodi più distanti nella rete (diametro

---

15   Esempio di Mark Buchanan

16   Ideato da Watts e Strogatz nel 1998 e pubblicato su Nature

17   Massimo numero di collegamenti: $N(N-1)/2 \sim N2/2$

massimo) e la distanza media tra una qualunque coppia di nodi (diametro medio).[18]

Moltiplicare, non sommare

Una rete come quella postale può arrivare ad un punto in cui la crescita non è sufficiente a soddisfare l'utilizzo per cui è stata ideata.

Per ampliare una rete è possibile sommare altri nodi: costruire altre città, aumentare il numero di punti di posta, incontrare nuovi amici. Tuttavia, l'unico modo per far crescere sensibilmente una rete è usare la moltiplicazione e non la somma. L'invenzione delle cassette delle lettere, e la loro diffusione, nella Gran Bretagna del 1800, per esempio, sviluppò il servizio postale eliminando le attese negli uffici postali.

Pochi anni fa si pensava che non sarebbe stato possibile aumentare il numero dei nomi dei siti internet, perché il numero di codici univoci (gli indirizzi IP) a cui dovevano far riferimento erano quasi esauriti. La soluzione fu di dare ai singoli server, a cui erano associati gli indirizzi IP, la possibilità di smistare al proprio interno il traffico verso il sito cercato. In questo modo, il numero di domini possibili non era più legato univocamente al numero di IP, ma veniva moltiplicato per la capacità di gestione dei singoli server.

Ad un banchetto dove il cibo si può prendere solo con gli stuzzicadenti, l'unico modo per accedere al cibo è rimanere vicino al tavolo, contribuendo alla formazione di capannelli e assembramenti. La moltiplicazione di questa rete sarebbe semplice: mettere a disposizione piatti di plastica per tutti.

La moltiplicazione della rete è necessaria quando la rete non riesce più a veicolare in modo efficiente i messaggi e va trovata una soluzione ai colli di

---

18 Il diametro può essere calcolato solo all'interno di sistemi connessi. La grandezza di una rete è calcolata attraverso il numero di nodi che la compone.

bottiglia.

I limiti dei sistemi distributivi per l'e-commerce hanno fatto emergere l'esigenza di un sistema di consegna più economico e capillare. In Belgio è stato ideato un servizio in concorrenza con i sistemi postali tradizionali per ovviare al problema. Kiala permette di ritirare i beni acquistati dal negozio convenzionato più vicino, ma anche di pagarlo ed eventualmente riconsegnare il reso. In questo modo i clienti di siti e-commerce possono ritirare con loro comodo il bene al negozio sotto casa e, nel contempo, i venditori on line risparmiano sui costi della consegna. Lo stesso concetto è stato utilizzato dai supermercati on line, che offrono la possibilità di ritirare la spesa al ritorno dal lavoro, presso furgoni parcheggiati nei punti chiave della città.

1.4 La comunicazione di massa delle masse

Nella storia i mass media si sono messi spesso a servizio delle élite. Politici e manager hanno utilizzato i mass media a loro vantaggio in situazioni di difficoltà. La comunicazione interpersonale ha cambiato però le regole del gioco, con l'SMS e l'email: due strumenti alla portata di tutti e con bassi costi di utilizzo.

A metà degli anni '90, furono proprio centinaia di migliaia di email a spingere alcuni governi a sottoscrivere il trattato sulle mine anti-uomo. La comunicazione interpersonale è stata utilizzata contro i colpi di Stato, per ribaltare i pronostici di elezioni politiche, approvare trattati internazionali, organizzare manifestazioni. Il potere di questa comunicazione è nella sua diffusione planetaria, nell'accesso istantaneo da qualunque luogo e nella facilità con cui si inoltrano i messaggi.

Un evento emblematico accadde nel 2002, quando il Presidente venezuelano Hugo Chavez fu destituito con un colpo di Stato e i mass media appoggiarono i golpisti. Per diffondere la verità sul colpo di Stato, le persone iniziarono a inviarsi messaggi sui propri cellulari, chiedendo di inoltrarli a tutti i conoscenti. Nel giro di poche ore, una grande folla scese in piazza per manifestare il proprio dissenso. Le televisioni dipinsero i manifestanti pro-Chavez come criminali, ma due giorni dopo il Presidente fu liberato dalle forze militari a lui fedeli e riprese il potere.

L'auto-organizzazione di massa ha permesso anche il ribaltamento dei pronostici pre-elettorali. In poche ore, nel marzo 2004, in Spagna circolarono milioni di SMS: "Oggi 13 marzo, ore 18 sede del PP (Partito Popular, al tempo al governo). Senza partiti. In silenzio. Per la verità",

altri testi contenevano richieste di trasparenza (manipulacion basta ya),
di verità (verdad ya), o chiedevano di ritirare le truppe dall'Iraq ("vostra
guerra nuestros muertos"). Tutti finivano con un semplice invito: "Pásalo",
inoltralo. A Madrid iniziò la "notte degli SMS" e si ritrovarono in migliaia
davanti alle sedi del partito governativo delle principali città spagnole. La
mobilitazione SMS continuò per 11 ore e l'indomani il Paese andò a votare
per il nuovo governo.
Il fenomeno fu registrato dagli operatori telefonici, che la sera del 13 marzo
videro un aumento del 20% sul volume normale di SMS inviati ed il giorno
delle elezioni del 40%, rispetto ad una giornata media. Il Partito Popular
perse 25 deputati insieme alla maggioranza del Parlamento e Zapatero
subentrò ad Aznar.
L'indignazione era nata in risposta alla versione governativa sugli attentati
di Madrid, dove oltre 200 persone avevano perso la vita e 1.400 erano
state ferite. Il governo individuò come colpevoli, forse per calcoli elettorali,
i movimenti indipendentisti baschi, e venne accusato di scarsa trasparenza
nell'indagine.
Sempre sul piano politico, gli SMS sono stati utilizzati per campagne
elettorali, come nell'aprile 2002 contro Jean Marie Le Pen, candidato
dell'estrema destra francese. Nelle Filippine, nel gennaio del 2001, una
campagna SMS costrinse alle dimissioni il Presidente Joseph Estrada,
sfuggito ad un processo per corruzione, grazie al voto di una commissione
formata da politici del suo schieramento. Vista la sua efficacia, nelle
elezioni politiche del 2004 nelle Filippine, l'SMS fu utilizzato per la
campagna elettorale pro e contro i candidati presidenti Macapagal-Arroyo
e Poe. I media tradizionali stanno oggi integrando queste nuove forme
di comunicazione alle tecniche classiche. Per fornire il resoconto di una
manifestazione a Londra nel 2000, Indymedia UK mise a disposizione dei

partecipanti dei computer durante la dimostrazione. I manifestanti poterono così raccontare in diretta l'evento.[19]

1.4.1 Le leggi delle reti

Per comunicare con un gruppo di persone ci sono tre possibilità: urlare in un megafono, chiedere ai conoscenti di telefonare ai loro amici, creare dei contenuti all'interno di gruppi. Queste modalità sono descritte da leggi precise.

Nel primo caso, esiste un emittente e molti ascoltatori, come la televisione. Il valore di queste reti è direttamente proporzionale al numero di ascoltatori e il contenuto del messaggio è il fattore più importante. Sarnoff fu il primo a studiarle, insieme alle loro proprietà. Per un canale televisivo, ad esempio, il fatturato è proporzionale al numero di spettatori che pagano un canone di abbonamento o che guardano la pubblicità.

La seconda situazione è stata studiata da Metcalfe. Il messaggio può essere veicolato da persona a persona, ognuno è sia emittente sia ricevente e le comunicazioni coinvolgono due individui alla volta. Il valore di queste reti cresce in modo quadratico, in funzione del numero delle persone che ne fanno parte. Si pensi al valore della rete di fax o dei telefoni. Se si aggiunge una nuova persona dotata dello strumento di comunicazione, questa persona potrà comunicare con tutte le altre dotate dello stesso strumento. In questo caso, non è più il contenuto ad essere importante, ma è l'utilizzo della rete di comunicazione da parte delle persone, quindi le transazioni.

---

19 Settembre 2000. Alle dimostrazioni contro il Fondo Monetario Internazionale ai dimostranti fu dato un numero di telefono cellulare collegato con gli organizzatori.
Marzo 2003. Tremila studenti svizzeri si organizzarono comunicando luogo e ora via SMS per una protesta contro la guerra in Iraq a Sion.

Se una rete telefonica ha 10 clienti che si telefonano tra loro una volta al giorno, pagando un cent per telefonata, l'incasso giornaliero sarà di 45 centesimi[20]. Se viene acquisito un nuovo utente, il numero dei clienti aumenta del 10%, ma i ricavi aumentano del 22%[21]. Ovviamente, il concetto che tutti i nostri clienti si conoscano e si telefonino tra loro è molto lontano dalla realtà e quindi l'effettivo utilizzo sarà inferiore, tuttavia la legge di Metcalfe indica il valore della potenzialità della rete: se una persona si unisce alla rete, le comunicazioni potenziali aumentano in modo quadratico, rispetto alla dimensione della rete.

La differenza tra le prime due modalità descritte può essere colta anche osservando i modelli di vendita delle società. Un'azienda può vendere il proprio prodotto ad una platea di clienti, oppure permettere loro di scambiarsi un bene. Questa è la differenza tra Mediaworld, una catena di rivendita di prodotti di elettronica, ed eBay, un'asta on line che permette a chiunque di vendere o acquistare oggetti. Nel primo caso, il valore del business dipende dal numero di clienti, nel secondo dall'utilizzo del servizio. Un produttore di figurine come Panini può offrire dei servizi per favorire lo scambio delle figurine sul suo sito, oltre a venderle.

Il valore di reti in cui tutti possono interagire con tutti è evidente anche quando si collegano due reti di questo tipo tra loro. Quando si uniscono due reti che permettono ai partecipanti di interagire fra loro, come eBay, il valore finale è superiore alla semplice somma. Il maggior impulso all'espansione del sistema postale cinese, il più antico esistente, fu raggiunto quando entrò in contatto con quello romano, durante l'impero Han (202 AC – 220 DC). L'unione dei due sistemi postali permise il recapito di corrispondenza verso un gran numero di nuove destinazioni,

---

20 Incasso giornaliero $= (10*9)/2 = 45$

21 Incasso giornaliero $= (11*10)/2 = 55$ (aumento del 22% rispetto a 45)

senza alcun investimento aggiuntivo. Chiunque abitasse in Europa poteva spedire missive in Cina, e viceversa, senza ulteriori investimenti logistici. La nuova generazione di cellulari permette di inviare e ricevere SMS e email, unendo le due reti: quella dei cellulari e quella della posta elettronica. In questo modo, si possono raggiungere sia coloro di cui si conosce il numero di cellulare, sia coloro di cui si conosce l'email.
Il valore dei messaggi collettivi aumenta in modo considerevole. Se due compagnie telefoniche si fondono, la loro clientela ha da subito un numero di interlocutori potenziali superiore con cui dialogare a costi ridotti. La compatibilità tra sistemi diversi ha fatto sì che vecchie tecnologie potessero acquisire nuovo valore tramite l'unione con altri mezzi di comunicazione. La possibilità di ricevere i fax su tutti i computer dotati di modem ne è un esempio: i privati che non avevano il fax in casa ora possono disporne.
Il valore aggiuntivo creato dall'unione di due reti può valere molto più della semplice somma di due reti distinte. Dal punto di vista matematico, infatti, la fusione di due reti formate rispettivamente da M e N membri è di $(M+N)^2$ cioè M^2+N^2+2MN. Il valore aggiunto è quindi $2MN$.
Questo valore è di incentivo alla ricerca della compatibilità e dell'integrazione di reti distinte.
La terza modalità con cui il messaggio può formarsi e circolare all'interno di una rete di persone è la creazione di contenuti e messaggi a partire da gruppi. La *legge di Reed* definisce questa modalità ed è applicabile a contesti dove la rete consente la formazione di gruppi. Il valore di queste reti cresce esponenzialmente rispetto al numero dei nodi (creazione del valore congiunto del gruppo) ed è uguale a 2n (dove n è il numero dei nodi), cioè alla somma di tutti i gruppi formati da una persona, da due, da tre, e così via.

Ad esempio, l'unione di più gruppi di persone in Bangladesh, nel progetto della Grameen Bank, permette ai singoli di aiutarsi a vicenda e di costruire micro-imprese assieme. Maggiore è il numero di gruppi, maggiori sono le possibilità di creare valore assieme.

L'unione di questo tipo di reti crea un effetto aggiuntivo molto più marcato di quelle che seguono la legge di Metcalfe. Il beneficio, infatti, cresce in modo esponenziale.

Variabili/Legge	Sarnoff	Metcalfe	Reed
Transazioni opzionali	Guardare la TV	Comunicare con i propri pari	Aderire a / creare gruppi
Esempi	Mediaworld, EDI	Coat, EMail	Grameen Bank, Chat Rooms
Valore di una rete di N nodi	N	N^2	2^N
Valore combinato di due reti formate da N e M membri	N + M	$N^2 + M^2 + 2NM$	2N x 2M

1.5 Il Napster dei libri

I messaggi scambiati possono anche essere oggetti fisici che passano di persona in persona. Nell'aprile 2001 un programmatore, Ron Hornbaker, fece circolare i suoi libri per il mondo, permettendo ad altri di leggerli e di passarli a loro volta. Ron creò un sito per tracciare i percorsi dei libri e permettere ad altri di fare altrettanto con i propri. Il sito che ha dato nome anche al fenomeno è "Bookcrossing.com", il crocevia dei libri. Nell'agosto del 2004 il fenomeno divenne così conosciuto da meritarsi un posto nell'autorevole dizionario inglese "Concise Oxford Dictionary".

Da allora oltre due milioni e mezzo di libri sono stati registrati sul sito e messi in viaggio. I libri vengono lasciati in luoghi pubblici, affinché sia facile prenderli. Per tracciare il libro, il primo proprietario vi appone il numero di registrazione fornito dal sito. Sul sito è indicato il luogo dove il libro è stato lasciato per l'ultima volta, in modo che le persone interessate possano recuperarlo. Inoltre, tutti i lettori possono lasciare un commento sul sito relativo al libro, con la creazione di una critica di massa sul testo. Visto il successo dell'iniziativa, il bookcrossing è stato replicato per altri oggetti fisici, come per la posta con il "Postcrossing" e per i CD con il "CDcrossing".

Il dialogo sui forum dei siti di bookcrossing ha originato la formazione di piccoli circoli letterari on line, che hanno creato a loro volta metodi alternativi di scambio dei libri, come i "bookring", dove le persone si prenotano per un libro che passa da una all'altra, per poi ritornare al suo proprietario iniziale; o ancora il baratto di libri nelle sue versioni evolute, come il "bookboxes", dove il ricevente si impegna a "liberare" un libro quando ne acquisisce uno.

La crescita del fenomeno ha messo in allarme alcuni editori, come HarperPress, che nel 2005 l'ha indicato come il Napster[22] dell'industria libraria, temendo un'erosione dei profitti. Ma la stessa industria libraria ha poi utilizzato il mezzo per promuovere nuovi libri e uscite letterarie, come per il testo "84 Charing Cross Road" di Helene Hanff, che nella campagna di lancio ha liberato 84 libri in giro per il mondo, affinché fossero trovati, letti e promossi.

La rete ha permesso di tracciare il viaggio di vari oggetti in giro per il mondo. Sono stati creati siti per tracciare i viaggi delle banconote e i "Photo-Tag", dove una macchina fotografica usa e getta passa di mano in mano tra conoscenti, o estranei, per ritornare al proprietario, che quindi pubblica on line tutte le foto.

Per chi vuole mettersi alla ricerca di un tesoro, esistono oltre 200 mila scatole nascoste in giro per il mondo, contenenti piccoli oggetti lasciati e scambiati da persone precedenti. Il gioco, nato nel 2000 col nome di "Geocatching", consiste nel lasciare delle scatole in posti raggiungibili con coordinate GPS, registrate in vari siti web. Ad ogni tesoro, o "cache", è associato un log book, utilizzato per tracciare la storia degli oggetti contenuti nella scatola. Nel caso in cui si riesca a trovare una cache, è possibile prendere i tesori presenti, con l'obbligo di sostituirli con oggetti di pari valore.

1.5.1 Le connessioni

Le connessioni sono l'elemento più importante di una rete. Valutare una rete di persone per legami di amicizia, rapporti di lavoro, similarità di

---

22 Napster è stato uno dei primi programmi a permettere lo scambio di file musicali tra singoli individui. In seguito a una sentenza del tribunale è stato chiuso nel 2001 e riaperto in altra forma per la vendita di contenuti digitali.

interessi vuol dire osservare reti completamente diverse fra loro.[23] Le connessioni sono contraddistinte da proprietà ad esse specifiche.

Una connessione può operare in entrambi i versi o meno (reciprocità o direzione). Nel bookcrossing, ad esempio, se si lascia un libro in una cabina telefonica, il legame che ci unirà a chi lo riceve sarà monodirezionale: difficilmente si troverà per caso un libro lasciato dalla persona che ha raccolto il nostro. Un caso diverso si ha nel baratto, dove lo scambio è reciproco ed ognuno si trova nella situazione di leggere un libro letto dall'altro e viceversa. Nelle relazioni di comunicazione, il politico può comunicare con molte persone, ma queste raramente possono fare altrettanto nei suoi confronti.

Nel bookcrossing, il collegamento tra due lettori si consuma dopo un solo passaggio di libro, con una rete in continuo cambiamento. Il bookcrossing coinvolge quindi una rete di persone i cui legami cambiano rapidamente, per via della loro durata limitata.

La durata di una connessione è legata alla sua intensità. Nei forum sul bookcrossing, spesso, sono scambiati libri fra persone vicine per interessi e per città. Gli scambi di libri fra persone in Stati diversi avviene di rado: spedire un libro in un altro Stato può equivalere al costo del libro stesso. Tuttavia, una delle scoperte più importanti sulle reti è che sono questi legami tra persone lontane, detti "deboli", ad essere i più importanti. Sono i "legami deboli" a permettere ai messaggi, o agli oggetti, di diffondersi su tutta la rete, come comprese lo studioso Granovetter nel 1973. Le reti sono formate da raggruppamenti i cui elementi sono legati tra loro in modo più denso, e da collegamenti deboli, che uniscono questi

---

23 Nel contesto sociale le connessioni sono divise in formali ed informali. Le relazioni informali tengono conto di aspetti come il consiglio, la fiducia, il rispetto e lo scambio informativo. Le relazioni formali possono essere caratterizzate da scambi di denaro o informativi.

gruppi.

Granovetter analizzò come la segnalazione di un posto vacante arrivasse al candidato poi assunto. In seguito scoprì che solo il 16% degli intervistati aveva ottenuto il lavoro grazie ad un contatto abituale, mentre l'84% se lo era procurato tramite persone che vedeva occasionalmente. [24]

I legami deboli permettono di ottenere mondi più piccoli. Più le persone che conosciamo hanno amici lontani, più sarà facile avere un conoscente in comune con persone estranee alla propria realtà. In un mondo dove tutti si tengono per mano, dove conosciamo solo le persone a cui stiamo dando la mano, la catena di conoscenti che dovremmo attivare per conoscere chiunque sarebbe lunghissima. Sono però sufficienti cinque persone che conoscono *in modo casuale* persone diverse dai propri vicini, per dimezzare la catena di conoscenze che una persona deve percorrere, per arrivare a chiunque altro.[25]

Creazione delle connessioni

Le connessioni, nella maggior parte delle reti, sono in continua evoluzione. I collegamenti possono formarsi per vari motivi, ma quasi mai in modo casuale, come si ipotizzava fino al secolo scorso. Si conoscono persone perché sono amici dei nostri amici. I nostri due migliori amici alla fine si incontreranno tra loro.

La triade è l'unità di base di una rete, ad esempio gruppi di tre amici.

---

24 Nel 1996, gli psicologi Anatol Rapoport e William Horvath chiesero a ciascuno dei mille studenti di una scuola media del Michigan di stendere, in ordine decrescente un elenco dei propri otto migliori amici. Utilizzando i due migliori amici di ognuno si univa solo una minima parte del totale. Unendo gli ultimi due della lista si univa un gruppo molto più ampio.
Jack Scanner (Università di Newcastle, UK) ha mappato le connessioni tra neuroni nei cervelli degli animali. Vito Latora e Massimo Marchiori hanno studiato queste mappe scoprendo un'organizzazione a rete. Nel gatto e nel macaco i gradi di separazione sono solo 2 o 3 ed esiste un elevato livello di aggregazione.

25 Per dimezzarlo ulteriormente sono necessari altri 50 cambiamenti (Watts e Strogatz).

Le triadi tendono nel tempo a chiudersi: gli amici in comune fanno sì che le persone si conoscano, legando in modo graduale tutta la rete in compagnie di amici o cluster[26]. I legami, in questo caso, si formano per via della posizione che si riveste all'interno della rete[27], come nel caso in cui si hanno due buoni amici che non si sono mai incontrati. Si possono però anche conoscere le persone perché simili a noi[28]: si incontrano altri fan al concerto del nostro gruppo rock preferito, o altri subacquei in un mare tropicale. Un mondo in cui si frequentano unicamente gli amici dei nostri amici produrrebbe solo gruppi di amici distinti tra loro. Al contrario, in un mondo dove si entra in contatto solo con gente simile a noi, i gruppi di amici non si formerebbero. Si pensi alla differenza tra un paesino di montagna ed una città: nel primo, i paesani si conoscono fra loro per il fatto di abitare vicino, in città le persone si incontrano anche per via di interessi comuni[29]. Esiste un valore critico di questo mix tra conoscenti ed interessi (struttura e agenzia[30]), superato il quale la distanza fra due persone nella rete diminuisce in modo rapido. Questo valore permette di conoscere la dimensione della rete che si sta studiando.

---

26 Secondo il matematico psicologo russo Anatol Rapoport e prima ancora secondo il sociologo tedesco Georg Simmel la base di tutte le strutture di gruppo non è le diade, ma la triade.

27 In questo caso si parla di legami dovuti alla struttura. I legami di struttura si formano tra nodi collegati a nodi in comune, ad esempio conoscenze tra vicini di casa.

28 In questo caso si parla di legami dovuti all'agenzia. Le forze di agenzia sono state descritte anche in altri termini. Rapoport ha introdotto il concetto di emofilia, cioè la tendenza che ogni individuo ha di associarsi con persone simili.

29 Il mix di questi due tipi di collegamenti è denominato dagli studiosi come "alfa".

30 I legami di agenzia sono indipendenti dalle conoscenze in comune, ad esempio conoscenze acquisite in una nuova palestra.

1.6 Il Codice Atlantico

Le persone che ricevono i messaggi e gli oggetti che vengono scambiati possono essere determinanti nella loro diffusione. Esemplificativo è il Codice Atlantico, la più vasta raccolta di scritti e disegni di Leonardo da Vinci, che contiene studi di botanica, anatomia, fisica, geografia e meccanica ancora oggi attuali. Il suo nome deriva dal fatto che in origine tutte le carte erano raccolte in un unico volume di grande formato, quello degli atlanti. Il Codice Atlantico ci permette di capire come alcune persone, o nodi, abbiano più o meno attitudini ad acquisire oggetti e divenire più importanti, all'interno della rete.

Quando Leonardo morì, nel 1519 ad Amboise, tutti i suoi appunti furono ereditati da Francesco Melzi, che li conservò nei solai della sua villa.

Il figlio, Orazio Melzi, non li tenne in alcun conto e furono in seguito scoperti dal precettore della casa, Gavardi, che cercò di venderli senza riuscirci.

Lo scultore Pompeo Leoni riuscì ad acquisire la maggior parte degli appunti e dei disegni, raggruppati in una quarantina di volumi, dalla famiglia lombarda dei Melzi. Leoni confezionò due grandi album: uno con i disegni più belli, come quelli anatomici, ed uno di fisica, ingegneria e geometria. Il primo Codice finì al castello di Windsor, da cui prende oggi il nome. Il secondo è detto Codice Atlantico.

Il figlio di Leoni vendette il Codice al conte Arconti, che a sua volta lo donò nel 1637 alla Biblioteca Ambrosiana di Milano, dove rimase fino al 1796, quando fu trafugato da Napoleone che lo portò a Parigi.

Nel 1815, dopo la sconfitta di Waterloo, il barone Ottenfels fu incaricato del recupero delle opere sottratte alla nostra penisola. Non fu lui però a recuperare il Codice Atlantico. Ottenfels scambiò il manoscritto per cinese, a causa della grafia al contrario di Leonardo. Nel 1851, un altro emissario, Canova, riconobbe l'opera e ne riportò una parte in Italia. Alcuni disegni rimasero a Parigi e altri ancora in Spagna.

Nel 1904, la casa editrice Hoepli pubblicò un'edizione del Codice Atlantico di Leonardo in 280 esemplari, per permettere agli studiosi di analizzarlo e di diffonderne le scoperte e le invenzioni, ma di questi non si ha più traccia.

Oggi esistono dieci Codici diversi sparsi per il mondo. Il Codice Arundel, presso la British Library di Londra, il Codice Atlantico, presso la Biblioteca Ambrosiana di Milano, il Codice Trivulziano, presso il Castello di Milano, il Codice sul volo degli uccelli, presso la Biblioteca Reale di Torino, il Codice Ashburnham ed il Codice dell'Istituto di Francia, entrambi presso l'Istituto di Francia a Parigi, i tre Codici Forster a Londra, presso il Victoria e Albert Museum, il Codice Leicester, acquistato nel 1994 da Bill Gates, i Fogli di Windsor, presso il castello Reale di Windsor ed i Codici di Madrid, presso la Biblioteca Nazionale di Madrid.

1.6.1 I nodi

"I nodi competono per avere connessioni perché rappresentano la sopravvivenza in un mondo interconnesso". Barabási

Nelle reti sociali, i nodi sono chiamati "attori" e possono essere singole persone, gruppi di persone o organizzazioni. In funzione della loro presenza all'interno della rete, i nodi possono assumere diverse caratteristiche.

Il *grado* di un nodo indica il numero di collegamenti che il nodo detiene.

Con riferimento a una rete di amicizie, se una persona ha dieci amici, il suo grado sarà dieci. L'importanza di questo indice è legato alla centralità nella rete di un nodo con molte connessioni. Chi ha molte connessioni è più importante: il politico con molte persone che lo votano, l'aeroporto con molte tratte aeree, lo studioso con molti collaboratori. Chi ha numerose connessioni ne richiama ancora di più, per la sua posizione: se tutte le persone che si conoscono acquistano in un certo negozio, è molto probabile che ci andremo anche noi. Allo stesso modo, nel mondo dell'arte, chi possiede già molte opere, come la Biblioteca Ambrosiana, tende ad attrarne altre.

Un nodo con poche connessioni può diventare importante, per la sua velocità di crescita all'interno della rete. La capacità di un nodo di attrarre nuove connessioni è detta *fitness*. Se una persona è estroversa, sarà più propensa a creare nuove amicizie, se un politico è un buon comunicatore, avrà più voti. Nel caso delle opere d'arte, se una persona sa riconoscerle, come Canova, avrà più possibilità di venirne in possesso, rispetto a persone che non sanno identificarle, come Ottenfels. La *fitness* ha un forte impatto sull'evoluzione della struttura della rete nel suo complesso. Per disporre del tasso di crescita di un nodo, va moltiplicata la fitness per il numero di connessioni. Il tasso di crescita può consentire di prevedere i nuovi astri nascenti: stelle del cinema, nobel, leader politici. Quando tutti i nodi hanno la stessa fitness, la rete risultante sarà a stella, perché i nuovi nodi tenderanno a collegarsi al nodo con maggiori connessioni. La vulnerabilità di una rete è collegata alla sua fitness: in caso di un valore costante e quindi in presenza di una rete a stella, la rete è molto vulnerabile, perché è sufficiente rimuovere il nodo centrale, il primo inserito, per annullare l'intera rete.

I nodi raggiungono spesso un limite massimo di connessioni, che non riescono a superare perché saturi. È stato dimostrato che ognuno di noi non riesce a gestire più di 150 relazioni durature con altre persone. In molte reti i nodi possono invecchiare, perdendo le loro connessioni e, ad un certo punto, scomparire del tutto. Ad esempio la rete di amicizie dei nostri nonni.

Un ulteriore modo di profilazione degli individui è funzione della loro posizione all'interno del sistema. Due individui nella stessa posizione, collegati alle stesse persone, ma non necessariamente fra loro, possono entrare in competizione e voler intraprendere azioni nello stesso momento.[31] Questa profilazione consente di identificare l'insieme di persone che adottano, in un certo tempo, un'innovazione o che vengono a conoscenza di un determinato messaggio.

---

31 Si veda il concetto di equivalenza strutturale di Burt, 1987

1.7 La Pandemia più devastante della storia

I nodi di una rete possono anche scomparire improvvisamente. L'AIDS è ricordato come il virus che ha ucciso più persone, nel secolo scorso. Nei primi 25 anni dalla sua comparsa, sono morte 25 milioni di persone. Tuttavia, fu l'influenza "Spagnola" del 1918 l'epidemia più devastante della storia, uccidendo altrettante persone in sole 25 settimane[32]. Un numero superiore ai caduti della prima guerra mondiale. La metà dei soldati statunitensi deceduti in Europa morì infatti d'influenza e non in combattimento. Persino la peste del '300, nei primi quattro anni[33], non fece un numero così elevato di vittime. La Spagnola raggiunse dimensioni pandemiche[34]: un quinto della popolazione mondiale fu infettata. La malattia uccideva fino ad un terzo degli infettati, soprattutto in posti con scarse condizioni igieniche, come in India, dove morirono 17 milioni di persone, pari al 5% della popolazione. In Paesi dove, per tradizione, i contatti tra persone erano limitati, come in Giappone, il tasso di mortalità della popolazione arrivò solo allo 0,25%.

La Spagnola prese il suo nome dalla Spagna, che non era in guerra e quindi era una delle poche nazioni a non essere soggetta alla censura propagandistica. La notizia degli otto milioni di infettati, nel maggio 1918, in Spagna poté così circolare.[35]

---

32   Dal settembre 1918

33   Tra il 1347 ed il 1351

34   Malattia che colpisce tutte le persone, dal greco pan = tutti, demos = persone

35   Colpiva soprattutto persone tra i 20 ed i 40 anni.
Il 28% degli statunitensi fu infettato e i morti furono 675 mila, dieci volte i morti statunitensi nella prima guerra mondiale.

La diffusione dell'influenza fu favorita dai frequenti collegamenti commerciali tra i continenti e dal massiccio spostamento di truppe da una nazione all'altra.

Si ipotizza che la Spagnola sia nata in Cina, ma i primi casi furono registrati negli Stati Uniti, nel gennaio del 1918, a Haskell County in Kansas, in un campo militare. Nel maggio di quell'anno, il cuoco del campo militare si ammalò gravemente seguito, nel giro di due giorni, da altri 522 commilitoni. La versione mortale del virus fu accertata, per la prima volta, nell'agosto del 1918, a Brest (FR), Boston (USA) e Freetown (Sierra Leone).

Il panico si estese e le autorità si adoperarono in ogni modo per prevenire il contagio. Furono distribuite maschere anti-gas da portare in pubblico, i negozi furono limitati nelle loro attività e i funerali furono celebrati in soli 15 minuti. In alcune città, fu richiesto il certificato medico per l'ingresso e lo stesso avvenne per prendere il treno. Molti teatri, sale da ballo e chiese furono chiusi per un anno intero. In una città statunitense, fu perfino vietata la stretta di mano.

Non sempre fu valutato appieno il pericolo, come a Philadelphia, dove fu organizzata una vendita pubblica di bond, nonostante le remore di alcuni rappresentanti dei cittadini. All'asta accorsero 200 mila persone e la città fu duramente colpita dal virus, con 12 mila morti.

La scomparsa della Spagnola fu immediata, probabilmente perché tutti coloro che erano stati esposti all'influenza erano diventati immuni o morti.

Da allora, ci sono state solo due pandemie: l'influenza asiatica, nel 1957 e l'influenza di Hong Kong, nel 1968. Entrambe ebbero un impatto più limitato sulla popolazione mondiale, forse per le migliori condizioni igieniche.

La Spagnola è stata riprodotta in laboratorio nel 2005, nonostante le forti perplessità degli studiosi sulla possibilità di un nuovo contagio.

1.7.1 Tipi di rete

I virus, come qualunque messaggio, seguono percorsi diversi, in funzione delle caratteristiche delle reti. In alcune riescono a diffondersi, in altre no. Le reti, infatti, sono diverse tra loro e conservano alcune proprietà indipendenti dal contesto.
Durante il secolo scorso, si riteneva che le reti esistenti fossero casuali. Si pensava che le connessioni fossero assegnate in modo imprevedibile e che ogni nodo avesse la stessa probabilità di ricevere nuove connessioni.[36] Le reti casuali sono di rado presenti in natura, ma durante il '900 furono il principale modello utilizzato per analizzare i sistemi complessi.[37] Per 40 anni, si sostenne che le reti complesse fossero tutte casuali e che seguissero il modello elaborato da Erdòs e Rényi nel 1959. In questo tipo di reti, un virus si espande in modo graduale e non riceve mai un'accelerazione improvvisa. Invece, osservando la diffusione dei virus, si evidenzia un punto critico in cui si produce una sua esplosione, come si ebbe per la Spagnola nel settembre del 1918, mese dal quale la pandemia divenne inarrestabile.
Dal 1999, si è diffusa la consapevolezza che le reti in natura seguano, quasi sempre, regole precise. In queste reti, dette di potenza, alcuni nodi hanno, in modo esponenziale, più collegamenti di altri. Intuitivamente,

---

36 In questo tipo di reti la maggior parte dei nodi ha il numero medio di connessioni Come provato da Béla Bolobás.

37 In particolare da parte di Paul Erdós e Rényi.

si può pensare a reti formate da componenti con caratteristiche simili. Tuttavia, di solito, non è così. Ad esempio, per il numero di partner sessuali di una persona, si ipotizza un numero simile al nostro. Ma il "caso zero" dell'AIDS, il primo soggetto accertato, un assistente di volo canadese, ebbe migliaia di partner. Nelle reti che continuano a crescere e modificarsi, i nuovi arrivati tendono a collegarsi con coloro che dispongono già di molti collegamenti, per poter sfruttare la loro posizione privilegiata. I nuovi attori vogliono sempre recitare insieme a attori celebri. Chi scrive un libro desidera un autore famoso per la propria prefazione.

Se i nuovi nodi hanno facoltà di scegliere a chi collegarsi, la rete è una rete di potenza. Questa rete è molto diffusa in natura, come è stato compreso da parte di fisici come Albert Laszlo Barabási.

La nascita di una rete di potenza

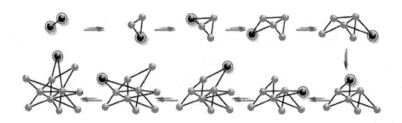

Nelle reti di potenza, i nodi con più collegamenti ne acquisiscono altri più velocemente, rispetto alla media, seguendo una legge di potenza. Ogni rete di potenza è caratterizzata da un numero detto esponente. Per calcolare la probabilità che un nodo abbia un certo numero di collegamenti o link, si eleva il numero dei link per l'esponente della legge di potenza seguita dalla rete e poi si prende l'inverso. Ad esempio, se si ha una rete di potenza di 2 (l'esponente) di 100 mila persone, per trovare quante persone hanno tre collegamenti, si eleva 3 alla seconda (9) e poi si prende l'inverso. Quindi, un nono delle persone, circa 11 mila, ha tre collegamenti con altre persone. Con l'aumento del numero di link dei nodi, il numero dei nodi scende rapidamente. La maggior parte dei nodi ha poche connessioni, e pochi nodi dispongono di moltissime connessioni. La capacità delle leggi di potenza di descrivere i fenomeni è stata spesso sottovalutata.

C'è una storia emblematica: un ricco principe indiano, per evitare la noia quotidiana, riceveva a corte personaggi di ogni genere tra cui un mercante che gli presentò il gioco degli scacchi. Il nuovo passatempo interessò molto il principe, che decise di ricompensare il mercante. Questi chiese un chicco di grano per la prima casella, due per la seconda, quattro per la terza e così via. Il principe accettò vista l' apparente modestia della richiesta. Quando gli scribi di corte calcolarono che la quantità di grano, 18.446.744.073.709.551.616 chicchi non poteva essere soddisfatta, neppure coltivando l'intera Terra, il principe si trovò in imbarazzo. Non potendo né soddisfare la richiesta, né sottrarsi alla parola data, fece giustiziare il mercante.

Lo stesso concetto può essere compreso pensando ad un enorme foglio bianco, spesso un millimetro. Piegandolo in due, per cinquanta volte e valutando l'altezza raggiunta, si potrebbe immaginare di raggiungere l'altezza di un volume delle Pagine Gialle, o di un'intera enciclopedia. Se si riuscisse a piegare il foglio cinquanta volte su sé stesso, senza lasciare spazi tra un lato e l'altro, l'altezza sarebbe di un miliardo di chilometri: più della distanza tra la Terra e la Luna, andata e ritorno.[38] Il concetto di potenza non è immediato per le nostre percezioni.

---

38   La distanza tra Terra e Luna è pari a 380 mila di chilometri in media.

Il fenomeno di forte diversità fra elementi di una stessa rete è spiegato anche dalla legge empirica 80/20, secondo cui l'80% dei fenomeni è riconducibile al 20% degli individui. La legge fu descritta all'inizio del '900 dall'economista Vilfredo Pareto, che la applicò alle proprietà terriere italiane, rilevando che l'80% delle terre era posseduto dal 20% dei proprietari. Questa legge è nota anche come la legge di Murphy, per fenomeni legati al mondo del lavoro. Ad esempio, l'80% dei profitti è prodotto dal 20% dei dipendenti, o, ancora l'80% delle decisioni è presa nel 20% del tempo nelle riunioni. Inoltre, vi sono state analisi legate a contesti sociali che hanno verificato che l'80% dei crimini sono commessi dal 20% dei malviventi.

In tutti i contesti in cui la legge dell'80/20 funziona, è probabile che ci si trovi in presenza di una legge di potenza.

La scelta delle parole che usiamo per scrivere segue una legge di potenza. A dimostrarlo fu il professore George Kinsley Zipf, che notò come l'utilizzo delle parole in un testo è alta per alcune, mentre decade rapidamente per altre[39]. Questo fenomeno è detto "principio del minimo sforzo".

Per capire l'enorme differenza che esiste tra le reti casuali e le reti di potenza, si possono considerare le città collegate da reti autostradali, e alle reti di collegamento aereo. Nel primo caso, i nuovi collegamenti tenderanno ad essere tra città contigue. Nel caso dei collegamenti aerei, ogni compagnia aerea è libera di definire le tratte con le città che ritiene migliori e tenderà quindi a privilegiare quelle con molti collegamenti, per permettere ai suoi passeggeri di prendere agevolmente un secondo volo verso ulteriori destinazioni. Ogni aeroporto può essere collegato tramite tratte aeree a tutti gli altri aeroporti e non solo a quelli contigui, aumentando di fatto la potenzialità della rete stessa.

---

39   Per l'utilizzo delle parole inglesi: si veda http://wordcount.org/main.php

La rete autostradale è tendenzialmente statica: una volta completati tutti i collegamenti contigui, difficilmente se ne creano di nuovi. La rete aerea è invece in continua evoluzione e le tratte aeree continuano a cambiare.
La rete stradale è una rete casuale, nonostante la forte correlazione al luogo fisico dove si trovano le città che collega. Mentre ogni città è collegata in media dallo stesso numero di strade, la rete aerea è una rete di potenza, dove alcuni aeroporti dispongono esponenzialmente di più tratte

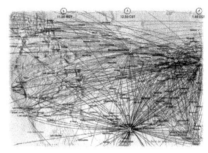

Differenza tra rete autostradale e tratte aeree

aeree.
La rete stradale è vincolata da forze di "struttura" (le strade tendono ad unire le città vicine tra loro), mentre la rete aerea è vincolata da forze di "agenzia", (le tratte aeree uniscono le città con caratteristiche simili, come Roma e Milano per gli affari).
La struttura di una rete ha un impatto sulla sua resistenza ad eventi esterni, come virus o attacchi mirati alla distruzione. Questo fu l'oggetto di studio di Paul Baran, che ideò una rete di comunicazione resistente ad attacchi. Sulla base di questo studio, fu creato Arpanet: il prototipo militare di ciò che oggi conosciamo come Internet.
Una casa cinematografica può scegliere tra diversi modi per distribuire il

proprio film, come la televisione, il cinema o tramite una rete peer to peer[40] su Internet. Con la televisione, l'emittente distribuisce il messaggio a molte persone attraverso una rete a stella o centralizzata. Per il cinema, si devono distribuire le pellicole alle sale che lo proietteranno al pubblico attraverso una rete decentralizzata. Infine, mettendo il film a disposizione, in modalità peer to peer su Internet, ogni persona che lo scarica può condividerlo con chiunque lo richieda. In questo caso, la rete è distribuita.

La rete a stella è la più vulnerabile: è sufficiente attaccare il nodo centrale perché la rete collassi. Oscurando l'emittente televisiva, la visione del film viene bloccata per tutti e, non a caso, in guerra la televisione è un obiettivo primario. La rete distribuita è la più resistente ad attacchi mirati dato che si può sempre scegliere una fonte alternativa per accedere al film voluto.

La rete oggi conosciuta come Internet non rientra in nessuna delle reti studiate da Paul Baran, che non aveva considerato la rete di potenza. Le reti di potenza sono particolarmente robuste ed è possibile rimuovere molti nodi, senza che la rete perda la sua consistenza.[41]

Le reti casuali collassano se si rimuove un numero "critico" di nodi determinabile. Le reti di potenza con esponente uguale o inferiore a tre non hanno questo numero "critico" perché è maggiore il numero di nodi con molti collegamenti. Per far collassare le reti di potenza con esponente uguale o superore a tre, è quindi necessario eliminare tutti i suoi nodi.

---

40   Wikipedia: "per peer-to-peer (o P2P) si intende una rete di computer o qualsiasi rete che non possiede client o server fissi, ma un numero di nodi equivalenti (peer, appunto) che fungono sia da client che da server verso altri nodi della rete".

41   Shlomo Havlin, Vulnerability of Networks, American Physical Society, Annual APS March Meeting, March 18 - 22, 2002 Indiana Convention Center; Indianapolis, Indiana Meeting ID: MAR02, abstract #L5.004

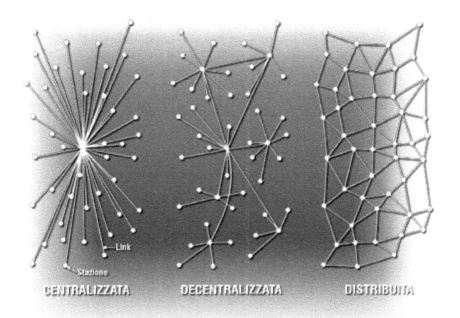

CENTRALIZZATA   DECENTRALIZZATA   DISTRIBUITA

Rete centralizzata, decentralizzata e distribuita

Questa analisi si basa sull'ipotesi che i nodi vengano rimossi in modo casuale. Le reti di potenza sono infatti molto resistenti a malfunzionamenti di singole componenti, proprio perché questi avvengono in modo casuale.

Nel caso di attacchi mirati, la rete di potenza è molto vulnerabile. Se si eliminano i nodi più collegati del sistema, *gli hub,* la rete si divide subito in isole non comunicanti. Barabási ha dimostrato che è sufficiente attaccare pochi router, i server che tengono unito Internet, per fare collassate Internet in piccole isole. Nel suo studio[42] Barabási valuta che anche rimuovendo l'80% dei nodi in modo randomico in una rete di

42   Barabási, http://physicsweb.org/articles/world/14/7/09

potenza, questa rimane interconnessa in un unico cluster. In effetti, molti router hanno disfunzioni, ma raramente sono notati. Anche gli aeroporti hanno questo tipo di vulnerabilità ad attacchi mirati: rimuovendo gli scali centrali, il sistema di trasporto aereo si ferma. È sufficiente eliminare contemporaneamente dal 5% al 15% degli hub (router, scali aerei, …) per distruggere le interconnessioni internet, o paralizzare il trasporto aereo.

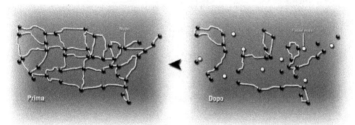

Rete casuale, disfunzioni accidentali

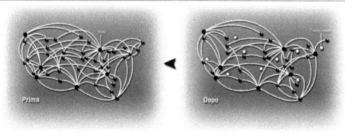

Rete di potenza, disfunzioni accidentali

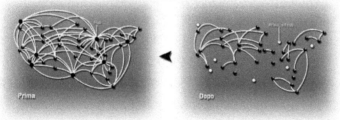

Rete di potenza, attacco agli hub

2. LE ORIGINI DELLA TEORIA DELLE RETI

2.1 La Prussia al centro della rete

La Prussia è uno dei Paesi che ha posto al mondo i problemi topologici[43] più interessanti da risolvere. In questi anni di integrazione dell'Europa con i "Paesi dell'Est" è rimasta una piccola isola russa all'interno dei confini europei tra Lituania e Polonia, affacciata sul mare Baltico. Sono state quindi necessarie politiche creative per il passaggio di persone e beni nello spazio comune russo. Oltre trecento anni fa, un problema nato nella sua capitale, Königsberg, portò all'invenzione della Teoria delle Reti. Un rompicapo che nessuno riusciva a risolvere passò di pub in pub e di scommessa in scommessa: qual era il percorso per attraversare tutti i ponti della città una sola volta? La città di Königsberg è costruita lungo due lati di un fiume e sette ponti collegavano due sponde e due isolotti. Nessuno fu in grado di rispondere per molti anni.

La risposta fu trovata da Eulero (Leonhard Euler) un astronomo svizzero del '700. La memoria e la capacità di concentrazione di Eulero erano leggendarie. Recitava l'intera Eneide a memoria, anche se interrotto dai bambini che giocavano nella stanza dove studiava, e riusciva a calcolare equazioni complesse a mente. Una dote che divenne indispensabile dopo i trent'anni, quando, per una malattia, iniziò a divenire cieco. Il matematico francese Condorcet raccontava la storia secondo cui due studenti di Eulero avevano sommato diciassette fattori di una serie infinitesimale particolarmente complessa ed erano in disaccordo sul quindicesimo

---

43 La topologia o studio dei luoghi (def. Wikipedia): "È una delle più importanti branche della matematica moderna. Si caratterizza come lo studio delle proprietà delle figure e delle forme che non cambiano quando è effettuata una deformazione senza "strappi", "sovrapposizioni" o "incollature". Concetti fondamentali come convergenza, limite, continuità, connessione o compattezza trovano nella topologia la loro migliore formalizzazione. La topologia si basa essenzialmente sui concetti di spazio topologico e omeomorfismo. Col termine topologia si indica anche la collezione di aperti che definisce uno spazio topologico.

numero decimale. Eulero risolse la disputa, calcolando a mente l'operazione.

Eulero risolse l'enigma dei ponti di Königsberg formulando, nel 1737, la Teoria dei Grafi, un nuovo modo di leggere i fenomeni che ci circondano, attraverso l'uso delle reti. Con questa teoria, introdusse anche la geometria topologica: una geometria che non dipende da alcuna misurazione. Le sue opere sono alla base della matematica moderna e della teoria degli insiemi. Eulero era convinto che attraverso questa nuova chiave di lettura, si potesse interpretare la realtà. Nelle sue parole: "la struttura e la costruzione dei grafi e delle reti sono la chiave per comprendere il mondo complesso che ci circonda. Piccoli cambiamenti nella topologia, riguardanti solo qualche nodo o qualche collegamento, possono aprire varchi nascosti e far emergere nuove possibilità."

La soluzione ai ponti di Königsberg di Eulero era basata sulla constatazione che fino ad allora gli strumenti utilizzati, come la toponomastica delle città, spiegavano i fenomeni in funzione delle singole componenti, come ponti e approdi, senza analizzare le conseguenze generate dal sistema di interrelazioni tra le componenti del sistema.

Con la Teoria dei Grafi, Eulero dimostrò l'impossibilità del problema dei sette ponti di Königsberg. La Teoria dei Grafi traduceva gli approdi in punti ed i ponti in collegamenti fra i punti e, tramite una sua legge, rendeva possibile la soluzione del quesito di quale percorso si dovesse seguire per attraversare tutti i ponti una volta sola.

Ogni punto con un numero dispari di collegamenti poteva essere solo un punto di arrivo o di partenza. Nella capitale prussiana esistevano quattro approdi, collegati da un numero dispari di ponti, per cui la soluzione del problema era impossibile. Possono, infatti, esistere al massimo due approdi di questo genere: la partenza e l'arrivo.

Solo nel 1835 i cittadini di Königsberg poterono passeggiare passando su tutti i ponti una sola volta, con la costruzione di un ottavo ponte, che ridusse a due gli approdi con un numero dispari di ponti.

2.2 Ipse dixit: "le reti sono casuali" Erdös-Renyi

Quando un fenomeno è troppo complesso per essere spiegato, spesso si afferma che è casuale. Quando il più grande matematico dello scorso secolo, l'ungherese Paul Erdös, dovette risolvere il problema del comportamento delle reti presenti in natura (come quelle di relazioni fra persone) ipotizzò, con il suo collaboratore ungherese Alfréd Rényi[44],

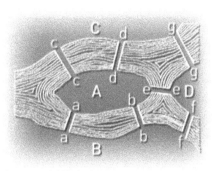

I sette ponti di Königsberg

che le reti si comportassero in modo casuale. Oggi, grazie alle capacità elaborative dei nuovi computer e all'intuizione di alcuni fisici, sappiamo che Erdos aveva torto, e che le reti seguono leggi precise.

Dalla fine degli anni '90, e soprattutto dall'inizio di questo millennio, sono disponibili grandi fonti di informazione organizzate, o database, che descrivono sistemi complessi nel dettaglio. Le leggi relative ai sistemi complessi sono verificate direttamente, grazie alla capacità elaborativa dei nuovi computer.

Erdös è presente nella Teoria delle reti per un gioco che fa parte del folclore dei matematici di tutto il mondo: il numero di Erdös. Il numero identifica la distanza che separa un qualunque scienziato da Erdös. Chi ha scritto

---

44 Alfréd Rényi è ricordato, oltre che per le numerose scoperte matematiche, per le vicissitudini rocambolesche ed il coraggio durante la guerra. Nel 1944 fu detenuto in un campo di lavoro, ma riuscì a fuggire con documenti falsi e a nascondersi per sei mesi. I suoi genitori erano detenuti nel ghetto di Budapest. Per salvarli indossò un'uniforme da soldato, entrò nel ghetto e marciò fuori seguito dai propri genitori.

un articolo scientifico insieme ad Erdös ha il numero uno, chi ha scritto un articolo assieme ad uno dei suoi coautori ha il numero due e così via. Identificare il percorso più breve che lega uno scienziato ad Erdös è uno dei motivi di conversazione di molti matematici. Il prestigio derivante da questo numero è anche messo in vendita su eBay, dove gli studiosi, spesso in cambio di donazioni in beneficenza, si offrono di scrivere una pubblicazione con uno sconosciuto, dandogli così la possibilità di diminuire il suo numero di Erdos.[45]

---

45 Si veda http://en.wikipedia.org/wiki/Erdos_number per dettagli.

2.3 I piccoli mondi: sei gradi ci separano

Le reti in natura si comportano secondo leggi precise e spesso danno origine a fenomeni particolari, come i cosiddetti piccoli mondi delle reti dove è possibile passare da un qualunque nodo ad un altro con pochi collegamenti.

Uno dei concetti più popolari relativo al *social network* sono i "sei gradi di separazione": ogni persona nel mondo può mettersi in contatto con qualunque altra, con una catena di sei persone che si conoscono tra loro. Il primo esperimento che provò l'esistenza di piccoli mondi nella vita reale fu condotto nel 1967 dal sociologo e psicologo statunitense Stanley Milgram[46], noto anche per il suo controverso esperimento sul ruolo dell'autorità, nel quale chiedeva a delle persone di infliggere punizioni (finte, ma loro non lo sapevano) con la sedia elettrica a chi sbagliava a rispondere alle domande fatte dallo stesso Milgram.

L'esperimento di Milgram relativo al "piccolo mondo"[47], coinvolse circa trecento persone residenti in Wichita e Omaha, a cui fu chiesto di inviare un pacchetto ad un broker di Boston tramite persone conosciute. Ad ogni mittente fu domandato di inoltrare il pacchetto al conoscente ritenuto "più vicino" al broker. Ogni persona che riceveva il pacchetto doveva inoltre spedire una delle cartoline contenute all'interno del pacco a Milgram, per tracciare il percorso.

In precedenza, Milgram aveva fatto un test in cui la destinataria era la

---

46   Nonostante sia stato uno dei più grandi psicologi del '900 inizialmente non fu accettato per un dottorato in psicologia ad Harvard perché non aveva seguito nemmeno un corso di psicologia all'università. Frequentò sei corsi di psicologia e fu quindi accettato da un altro luminare: Solomon Asch.

47   Stanley Milgram, The Small World Problem, Psychology Today, 1, 61, 1967; Nel 1969 furono pubblicati dei chiarimenti tecnici omessi precedentemente.

moglie di uno studente universitario adi Cambridge. La prima busta arrivò a destinazione dopo appena quattro giorni e partì da un agricoltore del Kansas, che l'aveva passata al sacerdote della propria città, il quale l'aveva consegnata ad un secondo sacerdote che insegnava a Cambridge, che infine la recapitò alla donna. Nel primo percorso c'erano dunque solo due persone che separavano il mittente ed il ricevente. Tuttavia, l'esperimento non ebbe il successo voluto: solo tre delle 60 buste arrivarono a destinazione, passando in media da otto persone (nove gradi di separazione).

L'esperienza non fu però vana: per completare il secondo e più famoso esperimento, Milgram capì che era necessario trovare un incentivo al completamento della catena. Per questo la nuova busta da inoltrare avrebbe contenuto un documento di cartone blu spesso, simile ad un passaporto, con impresso il nome "Harvard University" in caratteri dorati. In questo modo, le persone erano incentivate ad inoltrare la busta e non cestinarla. 64 delle 217 lettere arrivarono a destinazione, con un tasso di successo del 29%. Le lettere arrivarono con un minimo di due ed un massimo di dieci passaggi intermedi, una media di 5,5 passaggi. L'esperimento dimostrò che le persone negli Stati Uniti erano legate da 5,5 gradi di separazione. Il concetto dei sei gradi di separazione deriva da questo esperimento.

L'esperimento, del costo di soli 680 dollari, riscosse un grande interesse nel mondo scientifico, ma furono presto sollevate obiezioni sull'attendibilità dei suoi risultati.

Tuttavia dimostrò con successo che siamo legati da conoscenze comuni e per individuare le persone "vicine" ad altri, pensiamo soprattutto a professione e residenza affini alla persona da contattare.

Un terzo studio di Milgram fu condotto sulle classi sociali e razziali. Emerse che gli appartenenti alle classi più basse, come gli abitanti dei ghetti neri, riescono a contattare solo chi appartiene alla loro stessa classe. Gli appartenenti alle classi sociali più elevate riescono invece a raggiungere qualunque altra classe sociale.

Il commediografo John Guare creò il mito dei "sei gradi di separazione", ufficializzandone il nome e diffondendo il concetto al grande pubblico. Affascinato dall'esperimento di Milgram e dal concetto che ognuno può mettersi in contatto con chiunque, tramite sei sole relazioni, intitolò "Sei Gradi di Separazione" un suo spettacolo teatrale a Broadway, nel '91, da cui in seguito fu tratto un film[48].

Albert Barabási, ipotizza che il numero reale sia più vicino ai tre gradi di separazione. La possibilità di interconnessione tra persone di nazioni diverse, gli spostamenti da un luogo all'altro, che, sul piano economico, hanno un costo sempre minore, e la diffusione delle lingue hanno permesso l'aumento progressivo delle connessioni deboli che uniscono i diversi mondi. Tuttavia, per conoscere il percorso minimo che ci lega ad una qualunque altra persona, dovremmo possedere una mappa delle relazioni, che è difficilmente reperibile in contesti aperti.[49]

Come spesso accade, la letteratura ha anticipato la scienza. Nel 1929 lo scrittore ungherese, Frigyes Karinthy, pubblicò una raccolta di storie, intitolata "Tutto è Diverso" (Minden masképpen van). Il racconto "Catene" (Lánczemek), introduce il concetto secondo cui ognuno di noi è legato a qualunque altro individuo nel mondo tramite cinque persone. Dato che, secondo Karinthy, sono cinque gli intermediari necessari a raggiungere il destinatario finale, considerando anche la persona con cui ci si vuole mettere in contatto, si arrivava ai sei gradi di separazione, per il miliardo e

---

48   Six Degrees of Separation, John Guare, 1993

49   Intervista a Barabási, settembre 2004, Davide Casaleggio. Milano Finanza.

mezzo di persone di popolazione mondiale stimata allora.

"Per dimostrare che oggi gli individui sulla Terra, sono più vicini che mai, un membro del gruppo propose un esperimento: suggerì che ognuno di noi, scegliendo una persona qualsiasi nel miliardo e mezzo di abitanti del pianeta, potesse raggiungerla senza difficoltà con un massimo di cinque persone, di cui solo una occorre sia un contatto diretto."[50]

Il matematico del M.I.T.[51] Manfred Kochen e la politologa dell'IBM Ithiel de Sola Pool seguirono questa intuizione letteraria già negli anni '50 cercando una spiegazione matematica al problema di come un gruppo di individui potesse essere collegato, tramite una rete di conoscenze definendo che, se in un gruppo di cento milioni di persone, ognuna sceglie mille amici in modo casuale, gli intermediari necessari per unire due persone sono in media due o tre. Tuttavia, noi non scegliamo i nostri amici in modo casuale, spesso hanno frequentato le nostre stesse scuole, hanno interessi simili ai nostri e difficilmente sono dall'altra parte del mondo. Kochen e de Sola Pool non trovarono una soluzione, ma riuscirono "solo" a formulare la domanda[52].

Negli ultimi anni, la conoscenza diretta e completa di sistemi complessi fa pensare che i gradi di separazione tra le persone siano meno di sei. Barabási ipotizza che i sei gradi di separazione risultati dagli esperimenti siano un limite massimo dovuto al fatto che le persone non hanno una mappa delle relazioni che li dividono, per cui non sono in grado di scegliere il percorso più breve. Le persone che parteciparono all'esperimento di Milgram non sapevano se un loro cugino o un vicino di casa conoscesse

---

50 Minden masképpen van, (Lánczemek) Frigyes Karinthy, 1929

51 Massachusetts Institute of Technology

52 Dato un insieme di N persone, qual è la probabilità che ogni membro di N è connesso ad un altro membro tramite $k\_1, k\_2, k\_3 ... k\_n$ link?

il broker di Boston o un suo conoscente diretto; per questo, tendevano a scegliere persone vicine geograficamente o con professioni simili a quella del broker, ma non necessariamente più vicine in termini di relazioni.

Barabási paragona questa condizione all'essere in un labirinto con una bussola, sapendo che l'uscita è a Nord. Prendere i bivi che portano a Nord non necessariamente fa uscire dal labirinto.[53]

Per conoscere i percorsi più brevi che collegano due persone, è necessario disporre di una mappa di tutte le relazioni che uniscono gli individui, uno strumento che offra una specie di "visione dall'alto" dell'intera rete di conoscenze.

Con questa finalità, sono nati diversi servizi on line, detti "social network", che acquisiscono le informazioni su di noi e sulle nostre conoscenze, per offrire in cambio una mappa delle connessioni che ci separano da qualunque altra persona registrata sul servizio. Il più popolare al mondo è Facebook, ma i cosiddetti "siti social network" sono ormai migliaia.

---

53   Intervista a Barabási, settembre 2004, Davide Casaleggio. Milano Finanza.

2.4 Le connessioni non sono tutte uguali

Nel 1973, Mark Granovetter fu il primo ad individuare una particolare legge
che regola le reti, con un sondaggio[54] dove chiese ad un gruppo di persone
di ricordare chi gli avesse procurato l'attuale posto di lavoro. L'84% degli
intervistati indicò persone che vedeva di rado e con le quali non aveva
legami stretti. I risultati dell'esperimento permisero a Granovetter di
comprendere che le connessioni apparentemente più deboli sono le più
importanti. L'esperimento permise di verificare un dato di fatto nel contesto
sociale: le persone ottengono informazioni da connessioni lontane, più che
non da quelle vicine, perché le persone in uno stesso gruppo posseggono
le stesse informazioni.

L'importanza delle "connessioni deboli" è estendibile alle reti in generale.
Che si tratti di una rete elettrica, biologica o meccanica, sono i legami
deboli a permettere a qualunque tipo di informazione di passare da un
contesto specifico ad un altro.

---

54   I cui risultati furono pubblicati in "The Strength of Weak Ties"

2.5 I nodi non sono tutti uguali

Ronald S. Burt scoprì che i nodi non sono tutti uguali. Nel 1987 Burt identificò il concetto di equivalenza strutturale, secondo cui le persone posizionate in modo identico all'interno di una rete si utilizzano a vicenda.

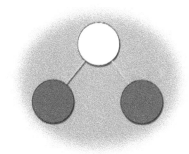

Equivalenza strutturale

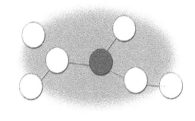

Buco strutturale

I nodi, le persone, nel caso di una rete sociale, che rivestono lo stesso tipo di posizione all'interno del sistema, non sono necessariamente legate fra loro, ma sono spesso in competizione per lo stesso tipo di risorse o risultati, e, ancora più importante, adottano le innovazioni allo stesso momento. Ad esempio, in una rete di aziende connesse da legami con fornitori e clienti, aziende concorrenti possono ricoprire posizioni equivalenti all'interno del sistema. Il concetto di equivalenza strutturale permette di definire insiemi di individui con esigenze e comportamenti simili, all'interno di una rete sociale. Nel 1992 Ronald S. Burt introdusse un concetto simile alle connessioni deboli di Granovetter. Lo studioso identificò come alcuni nodi siano più importanti di altri: un nodo è in posizione avvantaggiata, per lo sfruttamento ed il controllo di nuove informazioni, se è connesso ad altri che non sono direttamente collegati tra loro. Burt definisce questo tipo di nodi come "buchi strutturali": se rimossi, generano una modifica della struttura del sistema, non permettendo più la comunicazione fra due gruppi di nodi. Un esempio di buco strutturale è l'ambasciatore: se richiamato, ad esempio in caso di guerra, i Paesi hanno difficoltà a comunicare.

2.6 I piccoli mondi sono dappertutto

Quando si scopre che due persone conosciute si frequentano fra loro, ci si sorprende pensando a quanto piccolo sia il mondo.

Del fenomeno dei sei gradi di separazione si è discusso per lungo tempo, ma il fenomeno dei "piccoli mondi" non fu mai realmente spiegato fino alla fine degli anni '90, quando Duncan Watts e Steve Strogatz ne definirono le caratteristiche e le modalità per identificarli o crearli.[55] I loro studi provarono che i piccoli mondi sono presenti nella maggior parte delle reti in natura. In un "piccolo mondo", tutti possono essere contattati tramite pochi passaggi, anche nel caso in cui i singoli individui abbiano poche relazioni.

Le reti presenti in natura sono, infatti, quasi sempre a metà tra due tipi: le reti frammentate e quelle casuali; casi in cui non si vengono a formare i "piccoli mondi". Se infatti gli individui di una rete sociale appartengono a gruppi ristretti di amici, si è in presenza di una rete frammentata. Le reti frammentate non sono del tutto connesse perché i gruppi non sono sufficientemente collegati fra loro per permettere a chiunque di comunicare. Nelle reti casuali gli individui si relazionano tra loro senza tener conto di chi già conoscono e dei loro conoscenti. In questo modo però non si formano mai gruppi di persone.

In entrambi i casi non si vengono a formare i "piccoli mondi": nel primo caso, perché non esistono percorsi che uniscono tutte le persone fra loro, nel secondo perché non esistono gruppi di persone vicine a chi vogliamo contattare. Le reti in natura sono quindi una via di mezzo, con la presenza di gruppi, ma anche di individui, che appartengono a gruppi diversi e che fanno da collante.

---

55 "Collective dynamics of 'small-world' networks", Watts, D.J. e Strogatz, S.H., Nature, 393, 440-442 (1998)

2.7 La misura del diametro di Internet e del web

Nel 1999 Albert Laszlo Barabási analizzò la rete fisica di Internet composta da milioni di nodi detti router, che mettono in relazione tutti i nostri computer. Per collegarci ad Internet, il nostro computer si collega a un router, che interagisce con tutti gli altri router nel mondo. Barabási comprese che le reti obbediscono a leggi precise e non sono aggregazioni casuali, come proposto da Erdös. Barabási identificò due tra le leggi più importanti delle reti (la crescita e l'aggregazione preferenziale), legate entrambe al fatto che le reti in natura tendono a crescere e a modificarsi secondo schemi simili. Ad esempio, su Internet, sono aggiunti continuamente nuovi router; ogni nuovo elemento, router, cerca di collegarsi con quelli che hanno più collegamenti, dimostrando l'esistenza di un'aggregazione preferenziale. Lo stesso avviene per gli aereoporti, ogni anno ne nascono di nuovi, ma tutti cercano di collegarsi a quelli con il maggior numero di rotte. Barabási analizzò i legami tra i contenuti resi disponibili nelle pagine web. Non potendo studiare tutta la rete (il maggior motore ne indicizza solo il 15%), nel 1999 definì il diametro[56] medio del web con insiemi di pagine ridotti, per capirne la progressione in funzione del numero. In questo modo, riuscì a definire una formula[57] per determinare il diametro del web, in funzione del numero di pagine presenti su Internet.

56 Diametro di una rete: la distanza tra i due nodi (in questo caso pagine web) più lontani fra loro.

57 La formula è: $d = 0,35 + 2\log N$ (logaritmo a base 10 di N pagine web). Una formula che può essere generalizzata il $d = \log N / \log k$ dove k è il numero medio dei link di un nodo. Perché kd deve al massimo essere uguale a N, dato che ci sono k nodi a distanza uno dal primo nodo, k2 a distanza di due link, quindi kd=N. Una rete 100 volte più grande avrà solo due gradi di separazione in più. Uno stesso link può portare a nodi già visti quindi kd>N.

Nel 1999, NEC Group stimò che le pagine del web fossero circa 800 milioni. Secondo la formula di Barabási, i gradi di separazione erano circa 19.[58]

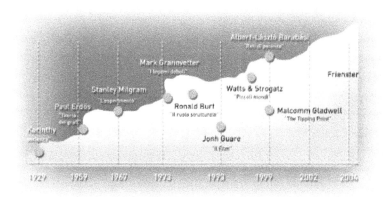

L'evoluzione dello studio sulle reti sociali

---

58   Il numero esatto è 18,59

3. Capire le Reti

3.1 Introduzione

Per misurare e simulare i comportamenti delle reti, è necessario poterle rappresentare.

Le reti possono essere rappresentate in più modi. Il più immediato è il grafo: un insieme di punti uniti da linee, che rappresentano nodi e connessioni. Il più "aritmetico" è la matrice di adiacenza[59]: una matrice dove la lista dei nodi appare sia sulle colonne che sulle righe. La matrice contiene valori positivi, se esiste un legame tra le singole coppie di nodi e nulli, in caso contrario.

	Milano	Torino	Venezia	Roma
Milano		1	1	1
Torino	1		0	0
Venezia	1	0		0
Roma	1	0	0	

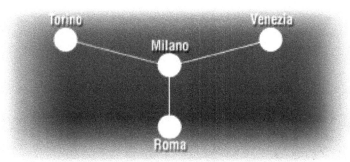

Ogni sistema complesso può essere visto come una rete. Una carta stradale non è altro che un grafo, i cui nodi sono le città e i collegamenti

---

59 In inglese conosciuta come "Sociomatrix".

le strade. Le molecole sono rappresentate come grafi, i cui nodi sono gli atomi che le compongono e i collegamenti sono i legami fra gli atomi.

In un circuito elettrico, i nodi sono i componenti (generatori, resistenze, interruttori) e i collegamenti sono i fili elettrici fra i componenti.

Alcune reti come quella dei calciatori introducono un nuovo elemento: l'appartenenza ad un gruppo. I calciatori sono legati tra loro per il fatto di giocare con la stessa maglia. Queste reti sono dette affiliazioni (o bipartitiche). In questo caso, la matrice di adiacenza ha una lista dei gruppi, le squadre, sulle colonne, ed una lista dei nodi, i calciatori, sulle righe[60]. Per quanto riguarda la rappresentazione grafica, vanno raffigurati due tipi di nodi diversi collegati fra loro.[61]

	A.C. Milan	Internazionale F.C	A.S. Roma	Torino Calcio
Inzaghi	1	0	0	0
Aquilani	0	0	1	0
Materazzi	0	1	0	0
Rosina	0	0	0	1

---

60   In questo caso la matrice di incidenza è rettangolare e non quadrata come di norma.

61   Le reti bipartitiche possono essere trasformate in reti univariate, cioè con un solo tipo di nodi, considerando il collegamento fra due nodi dello stesso tipo in funzione del fatto di appartenere ad un gruppo in comune.

3.2 Capire le Reti

Capire le reti permette di utilizzarle a proprio vantaggio. Gli aspetti da prendere in considerazione sono:

L'evoluzione di una rete.

Capire quali proprietà governano una rete permette di comprenderne il comportamento, ipotizzare gli impatti di eventi esterni e prevederne quindi lo sviluppo.

La relazione tra i nodi.

La rapidità di comunicazione tra i diversi elementi della rete è uno dei principi di efficienza dei sistemi complessi. Sapere chi è al centro della rete è vitale, per comunicare con tutti, nel minor tempo possibile.

L'accesso all'informazione.

L'accesso alla conoscenza e alle persone, all'interno di una rete, è una delle priorità per gli individui che vi sono inseriti. Accedere alle informazioni e mettersi in contatto con le persone trova spesso soluzioni di tipo euristico.

La solidità e vulnerabilità di una rete.

La struttura di una rete ne determina la vulnerabilità di fronte a eventi casuali e ad attacchi mirati. Conoscere il livello di vulnerabilità di una rete consente di valutarne l'affidabilità e la sua durata nel tempo e di attuare eventuali contromisure per garantirne l'esistenza.

La modifica di una rete.

La modifica di singole parti di una rete può mutare l'equilibrio globale e determinare conseguenze imprevedibili. La rete va sempre considerata come un unico sistema.

3.2.1 L'evoluzione di una rete

Capire quali proprietà governano una rete permette di comprenderne il comportamento, ipotizzare gli impatti di eventi esterni e prevederne quindi lo sviluppo.
Alcuni studi sull'utilizzo delle parole nei testi hanno evidenziato che nella scrittura seguiamo il "principio del minimo sforzo": quando scriviamo, la scelta delle parole da utilizzare ricade all'interno di un insieme ristretto di vocaboli. La probabilità di utilizzo di una certa parola scende quindi rapidamente aumentando il numero di quelle utilizzate, seguendo una curva di potenza.[62] Nell'abbinare le parole, ne esistono alcune che fungono da collante con tutte le altre, da hub.[63]
Fino a pochi anni fa, non era nota la struttura di Internet. In mancanza di un coordinamento centrale, nessuno sapeva come era formata l'intera rete. Nel 1998, Bill Cheswick dei Bell Laboratoires e Hal Birch della Carnegie Mellon University inviarono 10.000 pacchetti al giorno in rete, disegnando la mappa fisica di Internet. La scoperta fu sconsolante, la forma a cui

---

62 Nel 2001 i fisici Richard Solè e Ramon Ferrer y Cancho utilizzarono il database del British National Corpus che raccoglie frasi della lingua Inglese e studiarono le relazioni (se vicino in una frase) tra 560.902 parole: a, the, at erano gli hub. Il coefficiente di aggregazione era quasi 5000 volte superiore a quello di una rete casuale indica la presenza di un piccolo mondo.

63 Il professore di linguistica George Kinsley Zipf di Harvard nel 1949 ordinò le parole di lingua Inglese in funzione della frequenza di apparizione. Si distribuivano secondo una legge di potenza.
La probabilità di apparizione di una certa parola in un testo è molto alta per alcune parole ("and," "the," "to," and "of") e decade rapidamente per le altre .
Lo chiamò il "principio del minimo sforzo".

assomigliava di più era quella gerarchica dove sono presenti pochi nodi con molti collegamenti, una delle soluzioni che Baran aveva scartato per la sua vulnerabilità agli attacchi. In seguito si comprese che Internet era in effetti una rete di potenza, con un diametro massimo di 19 passaggi per attraversarla, molto tollerante verso malfunzionamenti, ma estremamente vulnerabile se attaccata in modo mirato.[64]

La forma di Internet ha permesso di ricavarne le caratteristiche di vulnerabilità, di conoscere i router più a rischio, e di stabilire che rimarrà efficiente, in futuro, con la crescita dei router. Le informazioni inviate e richieste su Internet sono divise in più pacchetti e ogni pacchetto sceglie il percorso ritenuto più breve, per raggiungere il destinatario.

Se, con l'espansione della rete, il numero di passaggi di ogni pacchetto dovesse essere troppo elevato, la rete perderebbe di efficienza. Dato che Internet è una rete di potenza, la sua struttura gli permetterà di crescere esponenzialmente, senza comprometterne il funzionamento. Secondo la legge di potenza, se i router diventassero 20 volte quelli attuali, il diametro sarebbe solo di 21 passaggi, preservando quindi l'efficienza del sistema. Conoscere la distribuzione di una rete permette di prevederne i fenomeni. La rete dei partner sessuali è stata analizzata da diversi studi. Il dato comune è che si tratta di una rete di potenza, dove pochi individui hanno più partner della media mentre la maggior parte delle persone ha pochi partner. Per prevenire la diffusione di malattie veneree, bisogna quindi tener conto in primo luogo degli hub sessuali, come le prostitute o gli individui come il "paziente zero" dell'AIDS, Gaetan Dugas, l'assistente di volo canadese che ebbe più di 2.500 partner.

---

64 Nel 1999 Michailis, Petros e Christos Faloutsos, tre fratelli informatici studiarono il diametro medio di Internet e scoprirono che corrispondeva a 4 ed il diametro massimo a 10.

3.2.2 La relazione tra i nodi

La rapidità di comunicazione tra i diversi elementi della rete è uno dei principi di efficienza di molti sistemi complessi. Ad esempio, i neuroni del cervello sono legati fra loro con delle sinapsi e possono comunicare con un numero molto limitato di passaggi. Questo permette un'elaborazione dei pensieri quasi immediata. Nel cervello dei mammiferi, come il gatto ed il macaco, il numero di passaggi tra qualunque coppia di neuroni varia tra due e tre.[65] L'Oracolo di Kevin Bacon, nato come progetto universitario, è il primo sito di grande successo, in questo ambito. Alcuni studenti[66] furono sorpresi nel vedere dei ragazzi in televisione collegare qualunque attore a Kevin Bacon, in base ai film che aveva interpretato. E decisero di verificare l'effettiva centralità del personaggio all'interno della rete degli attori. L'Oracolo sconfessò la trasmissione televisiva: la distanza media che separa Kevin Bacon da ogni attore è infatti di 2,78 gradi di separazione, e riveste solo la 876esima posizione. Il personaggio che risultò più centrale fu Rod Steiger.

Tabella di distribuzione del Numero di Bacon

---

65 Jack Scanner (università di Newcastle, UK) ha mappato le connessioni tra neuroni nei cervelli degli animali. Vito Latora e Massimo Marchiori hanno studiato queste mappe scoprendo un'organizzazione a rete.

66 Wasson e Tjanden crearono un'applicazione detta l'Oracolo di Kevin Bacon che calcolava il numeri di passaggi esistente tra un attore e un altro, in funzione del film a cui aveva partecipato

Classifica	Nome	Distanza media	# film	# link
1	Rod Steiger	2.537527	112	2562
2	Donald Pleasence	2.542376	180	2874
3	Martin Sheen	2.551210	136	3501
4	Christopher Lee	2.552497	201	2993
5	Robert Mitchum	2.557181	136	2905
6	Charlton Heston	2.566284	104	2552
7	Eddie Albert	2.567036	112	3333
8	Robert Vaughn	2.570193	126	2761
9	Donald Sutherland	2.577880	107	2865
10	John Gielgud	2.578980	122	2942
11	Anthony Quinn	2.579750	146	2978
12	James Earl Jones	2.584440	112	3787
...				
876	Kevin Bacon	2.786981	46	1811

I nodi centrali sono importanti per la rete. Chi vuole essere al centro, deve mettersi in relazione con chi lo è già, perpetuando così la centralità del nodo a cui si collega. Sulla base di questo concetto, è possibile prevedere chi acquisterà il potere all'interno di una rete.
Per esempio, osservando la rete di percorsi fluviali commerciali tra le città russe del dodicesimo e tredicesimo secolo, emerge la città di

Mosca come la più centrale dal punto di vista geografico.[67] Questa caratteristica le permise di diventare capitale.

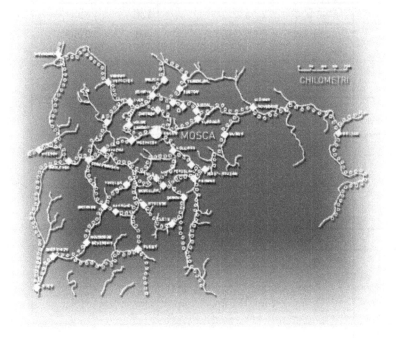

Mappa delle strade di comunicazione russe del XII e XIII secolo

---

67 La rete di collegamento tra città della Russia del XII e XIII secolo. Mosca aveva l'indice più basso per la sommatoria dei percorsi più brevi (Pitts, 1965).

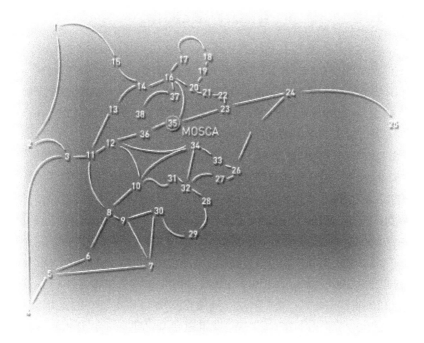

Grafico delle strade di comuncazione russe del XII e XIII secolo

3.3 L'accesso all'informazione

L'accesso alla conoscenza e alle persone, all'interno di una rete sociale, è una priorità per gli individui che vi sono inseriti. Sapere come accedere a queste informazioni e come mettersi in contatto con le persone è un problema che spesso risolviamo in modo euristico.

Quando si cerca un'informazione, ci si rivolge a chi ci è più vicino, per trovare un esperto. Che si cerchi un lavoro, un idraulico o un buon hotel, si possono contattare le persone conosciute, o utilizzare strumenti ad accesso pubblico, come le Pagine Gialle. Quando l'informazione non è di dominio pubblico, rivolgersi a persone fidate rimane l'unica soluzione.

L'aborto è stato per molto tempo illegale, in diversi Stati, durante il '900. Le donne che praticavano un aborto potevano rivolgersi solo a chi conoscevano direttamente, per non essere scoperte dalle autorità. Uno studio condotto nel 1969, basato sui risultati di un'intervista fatta a 114 donne statunitensi, evidenziò come in media era necessario passare attraverso una catena di conoscenze di 5,8 persone, per arrivare a un abortista[68].

Gli esperimenti indicano che, in mancanza di altre informazioni, si scelgono le persone in funzione della similarità della loro professione e del luogo dove risiedono rispetto a quelle della persona cercata. Nell'esempio della ricerca dell'abortista, è probabile che le donne abbiano cercato persone che lavoravano in ospedale o con abitazioni in città, vicine agli ospedali.

---

[68] 1969 "The search for an abortionist", Nancy Howell (già Nancy Lee).

3.4 Solidità e vulnerabilità di una rete

La struttura di una rete permette di capire quanto sia vulnerabile a eventi casuali e ad attacchi mirati e quindi la sua affidabilità e durata nel tempo. La crisi organizzativa della Toyota negli anni '80 è un esempio della ricerca di efficienza troppo spinta all'interno di una rete di aziende. Come tutte le aziende giapponesi, anche la Toyota applicò il modello del "just in time", che consiste nella riduzione al minimo di qualunque tipo di scorta, per limitare i costi di magazzino. I componenti venivano ordinati ai fornitori, con il minimo preavviso necessario per la produzione. Nella razionalizzazione dei fornitori, la Toyota aveva delegato la produzione di singoli componenti a fornitori specifici. Le valvole P, per il sistema anti-slittamento dei freni posteriori, erano tutte prodotte dalla società Ainsin, scelta nel 1997 per la sua eccellenza nella produzione.

Il 1° febbraio 1997, la fabbrica andò a fuoco. Mercoledì 5 febbraio, la Toyota finì la sua scorta di valvole P e dovette fermare la produzione delle macchine.

L'incredibile successe il giorno successivo: il 6 febbraio, due fabbriche della Toyota ripresero la produzione di automobili.

Tra le 150 aziende fornitrici non esistevano società in grado di produrre le valvole, ma tutte erano fortemente integrate fra loro e si scambiavano spesso personale, cooperando in un modo che sembrava essere addirittura contro i loro interessi. Questa rete di aziende risolse il problema, fornendo impiegati specializzati, e mettendo a disposizione macchinari, convertibili per la produzione delle valvole. Tra queste era presente anche un'azienda, Brother Industries, che produceva macchine per cucire.

L'esempio della Toyota permette di capire quanto siano critici alcuni nodi della rete. Identificarli permette di prevenire eventuali fallimenti.

Un elemento che emerge dall'esempio della Toyota è la capacità di risoluzione di problemi complessi da parte di un sistema fortemente interconnesso, senza necessità di un coordinamento centrale.

Le reti che spesso diamo per scontate possono essere in realtà vulnerabili, se non vengono progettate per prevenire problemi. La rete elettrica di un Paese è composta da linee ad alta tensione, che collegano fra loro le stazioni di raccordo con le centrali elettriche. La costruzione di una rete che possa gestire qualunque malfunzionamento è essenziale, per garantire in modo continuo un'erogazione dell'elettricità a livello nazionale. I blackout del 2003 negli Stati Uniti ed in Italia hanno reso evidente la necessità di considerare questi sistemi come interdipendenti fra loro, utilizzando le leggi delle reti e non concentrandosi soltanto sul corretto funzionamento dei singoli elementi. In Italia, nelle otto ore di blackout, vi furono treni, ascensori, fabbriche, semafori, telefoni, ospedali bloccati. A generare il disastro fu un semplice albero caduto per il forte vento, sulla linea che collega l'Italia con la Svizzera. La sua caduta provocò una serie di reazioni a catena con i collegamenti con la Francia.

3.5 La modifica di una rete

Mutare l'equilibro di una rete può portare a conseguenze imprevedibili, se non viene considerata come un unico sistema.
Gli ecosistemi si sono evoluti in milioni di anni, raggiungendo un delicato equilibrio tra prede e predatori. L'introduzione di nuove specie, in contesti fino ad allora chiusi, ha spesso sconvolto gli ecosistemi. Il coniglio arrivò in Australia nel 1859, in seguito all'importazione dall'Europa di 24 esemplari, iniziò a prolificare in modo esponenziale e a mangiare tutto il cibo delle specie autoctone. Nel 1890, era diventato una vera e propria piaga. Quando il governo australiano si accorse del fenomeno, decise di limitare l'espansione dei conigli costruendo uno dei recinti più lunghi al mondo, che attraversava da nord a sud tutta l'Australia, con milleottocento chilometri di rete. Prima di aver completato l'opera, però, i conigli erano già presenti da entrambe le parti della rete, rendendo vana l'opera completata nel 1907. Da allora, sono stati introdotti diversi virus per abbattere il numero di conigli, l'ultimo nel 1995, ma ogni volta, dopo un'immediata riduzione, il coniglio è riuscito a sviluppare l'immunità.

Se l'equilibrio di una rete viene disturbato, questa inizia a mutare velocemente, spesso sacrificando i nodi divenuti più deboli. In un ecosistema, questo può avvenire con l'estinzione di alcune specie. Per rimediare agli sconvolgimenti di un ecosistema, la soluzione adottata di frequente è l'introduzione di un predatore della specie che causa lo sconvolgimento. Gli ecosistemi sono delle reti, ed ogni modifica deve essere vista in questa ottica, altrimenti l'effetto di una nuova soluzione può essere causa di nuovi problemi.

Negli anni '50, per risolvere un'epidemia di malaria nei villaggi del Borneo, l'Organizzazione Mondiale per la Salute (OMS) attivò un piano semplice ed efficace: spruzzare grandi quantità di DDT sui villaggi, per eliminare le zanzare, veicolo della malaria. Il risultato venne raggiunto, le zanzare morirono e l'epidemia regredì. Presto però, iniziarono gli effetti collaterali: i tetti di paglia delle capanne si sgretolarono, perché il DDT uccideva le vespe parassite, che si cibano del bruco che mangia la paglia.

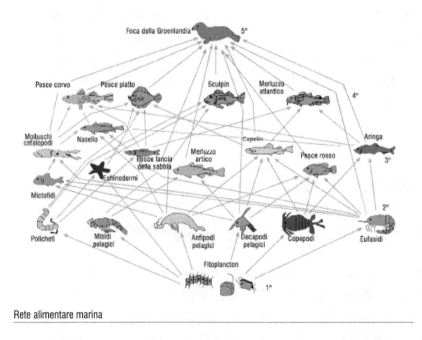

Rete alimentare marina

Il governo britannico sostituì i tetti di paglia con la lamiera, ma alla prima stagione delle piogge, il rumore causato dai nuovi tetti fu così forte, che nessuno riuscì più a dormire.

Intanto gli insetti avvelenati dal DDT erano divenuti facili prede dei gechi, che a loro volta rappresentano il cibo dei gatti. Il DDT risalì così tutta la catena alimentare causando la scomparsa dei gatti. Cominciarono allora a proliferare i ratti e una terribile peste fece la sua comparsa.
L'OMS fece allora paracadutare 14 mila gatti dalla British Air Force, per porre rimedio al danno creato.[69]
L'esempio del Borneo rende evidente quanto sia importante valutare la mappa di relazioni di un sistema prima di attuare un qualunque cambiamento.

---

69 Per maggiori informazioni: http://www.rmi.org/sitepages/pid157.php

3.6 Misure

Tutte le reti possono essere misurate con alcuni indici principali, che ne identificano le proprietà.

- Numero di nodi (N). Dimensione della rete.
- Diametro (L). Gradi di separazione che dividono gli elementi più lontani della rete. Può essere misurato anche il diametro medio, ovvero la distanza media che separa qualunque coppia di nodi nella rete.
- Connessioni medie (K). Numero medio di connessioni di ogni nodo della rete.
- Coefficiente di clustering (C). Indica il livello di interconnessione degli elementi della rete e può variare da zero a uno, dove uno indica che tutti i nodi sono collegati con tutti gli altri direttamente. (C rand). Indica il valore del coefficiente di clustering, nel caso in cui la rete fosse casuale.
- Esponente della rete di potenza (g). Indica quanto è ripida la curva di potenza e quindi, quanto la differenza in termini di numero di collegamenti tra gli hub e tutti gli altri nodi della rete. Utilizzando questo valore, è possibile determinare in modo puntuale il numero di nodi presenti nella rete in funzione del loro numero di collegamenti.

Attraverso l'esame di alcune reti, in ambiti diversi, è possibile riscontrare che, pur molto diverse tra loro, hanno comportamenti simili. La rete di connessione tra attori che recitano assieme nei film hanno infatti un esponente della rete di potenza simile a quella dei co-autori (2,3 rispetto a 2,1-2,5), nonostante le connessioni medie che ognuno ha sono molto diverse (61 per gli attori a confronto dei 4-18 per gli autori). Solo alcune reti particolari si differenziano di molto come la rete delle conoscenze sessuali che ha un esponente della rete di potenza di 3,5 dove pochi individui hanno moltissimi rapporti in più della media.

Indici di reti esistenti

	Numero di nodi N	Connessioni medie K	Diametro L	Coefficiente di clustering C	Coefficiente di clustering C rand	Esponente della rete di potenza g
Rete di attori	225.226	61	3,65	0,79+/-0,02	0,00027	2,3
WWW	153.127	4,5, 7-7,5	3,1	0,1 - 0,3 (0,1078)	0,00023	1,9 - 2,7 (2,1 IN)
Internet router	3.015 – 6.209	2,6 - 2,7	3,7 - 3,76	0,18-0,3	0,001	2,4 - 2,5
Co-autori	52.909	4 - 18	5,9	0,4 - 0,8	0,00018	2,1 - 2,5
Rete elettrica degli Stati dell'Ovest USA	4.941	2,67	18,7	0,08	Nd	Nd
C. Elegans	282	14	2,65	0,28	0,05	Nd
Rete alimentare	134	Nd	2,43	0,22	0,06	Nd
Rete metabolica	282	Nd	2,9	0,32	0,026	Nd

4. SOCIAL NETWORK MARKETING

4.1 L'origine del Social Network marketing

Il Social Network marketing si basa sul fatto che le persone sono connesse tra loro tramite una fitta rete di conoscenze che segue un sistema di regole e comportamenti, spiegati nella Teoria delle Reti.

La Teoria delle Reti è stata elaborata a partire dal 1999 da studiosi di diverse discipline. Matematici, fisici, sociologi e biologi, grazie all'accesso a grandi basi di dati relative a sistemi complessi come il progetto Genoma e la rete dei router di Internet, hanno dimostrato che molte reti seguono regole precise, che sono deterministiche e non casuali.

Uno dei problemi del marketing è la saturazione dei messaggi commerciali ricevuti da una persona. Ogni giorno, si è raggiunti in media da 1.500 messaggi pubblicitari su radio, televisione, giornali, internet, cartelloni, nei cinema e sui prodotti che acquistiamo[70]. Come strumento di difesa psicologica, i messaggi vengono ignorati. Il miglior modo per ottenere l'attenzione dei clienti consiste quindi nel veicolare il messaggio attraverso una relazione.

Gli esperti di comunicazione di Internet, alcuni anni fa, hanno studiato una tecnica denominata "viral marketing", che sfrutta alcuni concetti della virologia, tuttavia, la conoscenza delle reti complesse non era stata ancora codificata. Le reti non venivano considerate per la loro struttura ed erano solo identificati gli attori che potevano diffondere il messaggio.

I casi di successo del viral marketing sono rimasti limitati alle aziende che hanno un ottimo prodotto, diffuso in rete, non presente ancora sul mercato. I successi sono stati spesso imprevisti, raramente progettati. Il viral marketing è stato associato a fenomeni che attraversavano,

---

70   http://answers.google.com/answers/threadview?id=56750

inspiegabilmente, la rete sociale dal basso, come nei casi di Hotmail e di Gino il Pollo. Hotmail, uno dei primi servizi di posta elettronica gratuiti, in 18 mesi, raggiunse 12 milioni di utenti includendo in tutte le email spedite una scritta che pubblicizzava il servizio. I concorrenti che hanno utilizzato il marketing tradizionale non hanno avuto lo stesso successo, pur investendo somme ingenti. Gino il Pollo è un cartone animato che raggiunse la popolarità con un filmato inserito in rete, ispirato alla ricerca di Bin Laden in Afghanistan, e realizzato sull'adattamento di una canzone famosa: "Tu vo' fa' l'americano". La webagency che lo realizzò diventò famosa.

La Teoria delle Reti, tuttora in pieno sviluppo, ha permesso di comprendere elementi importanti dei sistemi complessi in generale, e delle reti sociali in particolare, per la diffusione virale di un messaggio.

4.2 La storia del marketing

Il marketing esiste da quando l'uomo ha iniziato a differenziare la sua attività e a scambiare i suoi prodotti. In origine, vi erano due compiti ben distinti: produrre e vendere. Si portava il prodotto al mercato, si decidevano il prezzo e gli abbinamenti, e tutto ciò che poteva promuoverne la vendita. Il processo venne codificato nel secondo dopoguerra, con il Marketing Management condotto dalle grandi aziende, per vendere i prodotti su larga scala. La nuova capacità produttiva e la libertà di spostamento delle merci consentivano di distribuire un prodotto su una vasta area. La diffusione della radio e della televisione permetteva di comunicare a tutti i benefici del prodotto, ma soprattutto di enfatizzarne la marca, che divenne lo strumento per valorizzare i prodotti. Nasce quindi il concetto di marketing di massa, che riesce a replicare lo stesso messaggio a tutti i soggetti interessati. I messaggi iniziarono a diffondersi e i costi delle promozioni aumentarono. Ben presto le aziende dovettero razionalizzare le scelte promozionali, cercando di raggiungere il maggior numero di persone interessate, con il minor costo. Da qui il Marketing Analitico e il GRP (Gross Rating Points), che permetteva di conoscere il numero di persone raggiunte dal messaggio e il costo per far giungere il messaggio a ciascun potenziale cliente. La nuova metrica introdotta era utile per capire la validità di un singolo piano di comunicazione, ma non faceva distinzioni sui clienti. Una nuova impostazione fu introdotta da McCarthy[71] che nel 1960 propose una ripartizione del marketing in quattro aree: Price (definizione del prezzo), Product (definizione del prodotto), Promotion (promozione) e Placement

71 McCarthy, J.1960, Basic Marketing: A managerial approach. Il modello fatto evolvere da Boom e Bitnerrs che introdussero altre 3 P legate alla vendita di servizi: People (personale), Phisical Evidence (luogo di vendita e di somministrazione del servizio) e Process (procedure di erogazione del servizio).

(politiche distributive). Con questa suddivisione delle competenze riportò il marketing al suo compito originario. La classificazione è ricordata come "4P" e è tutt'oggi utilizzata in molti piani marketing.

Il focus rimase però sulla promozione, solo in seguito ci si pose il problema di selezionare i potenziali clienti; una politica introdotta con il Targeted Marketing negli anni '80, orientato all'identificazione dei gruppi di persone più propense ad acquistare il prodotto e sulle quali la pubblicità avrebbe avuto più effetto. Attraverso le campagne promozionali si iniziò a disporre di maggiori informazioni sui potenziali clienti che potevano essere condivise tra diverse aree aziendali e incrociate con i dati del mercato. Il Database Marketing permise, a partire dal 1988, di condividere informazioni commerciali tra le persone interessate all'interno dell'azienda. Sullo stesso principio, si basava il Customer Interaction Management (CIM), che permetteva al front office di reperire velocemente informazioni sui clienti, in modo da rispondere al meglio alle loro richieste.

Negli anni '90, l'utilizzo delle nuove informazioni sviluppò un rapporto più stretto tra i clienti e l'azienda, favorendone il dialogo e premiando i più fedeli con la politica che prese il nome di Relationship Marketing. Le aziende con processi di vendita più complessi intuirono le grandi opportunità dell'utilizzo di sistemi strutturati per la vendita supportata da dati puntuali e aggiornati, fu quindi sviluppato il concetto di Sales Force Automation, per gestire in modo automatizzato il processo di vendita. Presto si sviluppò l'analogo concetto per il marketing con il Marketing Automation.

L'evoluzione naturale del CIM fu la gestione della relazione con il cliente attraverso il front office e non più il solo accesso alle sue informazioni. Fu introdotto il Customer Relationship Management (CRM), per mantenere una relazione duratura ed incentivare ad acquisti successivi ed applicata

una nuova metrica, per anticipare gli acquisti futuri dei clienti, il Life Time Value (LTV), basato sulla relazione duratura con un cliente.
Con l'introduzione di Internet l'interazione con il cliente si sviluppò on line e le informazioni nei database vennero aggiornate in tempo reale. Si affermò l'eCRM, dove il contatto con il cliente era spesso per via digitale.
Il potere del cliente e la sua possibilità di interazione con l'azienda è oggi aumentato notevolmente. I clienti interagiscono con le aziende continuamente. Il CRM è evoluto in Customer Managed Relationship (CMR). Sono stati sviluppati sistemi self service dove il cliente può decidere le modalità per collegarsi con l'azienda.
Le aziende si sono accorte che gli interlocutori che promuovono il loro successo non sono solo i clienti, ma tutti coloro che influiscono sull'azienda e sui clienti stessi. Con i nuovi strumenti digitali a disposizione quindi, sono state identificate e sviluppate relazioni con tutte le persone di rilevanza per l'azienda, grazie ad un programma integrato detto Web Relationship Management o Stake Holder Marketing.
Nel 2005, si iniziò a valutare come gestire ed influenzare le relazioni tra le persone, e non solo con le persone. Nuove teorie hanno identificato il funzionamento, le caratteristiche e le evoluzioni di reti interpersonali. La naturale evoluzione del marketing è quindi il Social Network marketing.

La storia del marketing

	Anno	Funzioni aziendali	Livello di profilazioni e comunicazione mirata	Attori	Obiettivo	Interlocutori esterni	Strumenti di gestione/a supporto	Metrica principale
Marketing management	1948	Marketing		Azienda	Gestire il viaggio del prodotto verso la domanda finale	Prospect	n/a	n/a
Marketing di massa	1950	Marketing		Azienda	Comunicare il brand a tutto il pubblico	Prospect	Mass media	n/a
Marketing di Base: le 4P	1960	Marketing		Azienda	Gestire le quattro aree del marketing: Price Product Promotion Placement	Prospect	n/a	n/a
Marketing analitico	'60-'70	Marketing		Azienda	Legare gli investimenti pubblicitari e politiche di pricing ad analisi statistiche	Prospect	Analisi statistica	GRP (Gross Rating Points)
Targeted marketing	'80	Marketing		Azienda	Segmentare il pubblico per lead di vendita	Prospect	Database	n/a
Database marketing	1988	Marketing		Azienda	Permettere alle persone dell'azienda di accedere ai dati di clienti e prospect per comunicazioni dirette	Cliente / Prospect	Database	n/a
Customer Interaction Management	'80	Front office		Azienda	Rendere disponibili informazioni storiche di interazione con il cliente al front office	Cliente	Database / call center / self service tools	n/a

Relationship marketing	1993	Front office + marketing	1to1***	Azienda	Produrre valore con un legame permanente con il consumatore	Cliente	Database / programmi fedeltà	n/a
Sales Force Automation	1996	Venditori	1to1	Azienda	Automatizzare e gestire il processo di vendita	Cliente	Database integrato del processo di vendita	n/a
Marketing automation	'90	Marketing	1to1	Azienda	Automatizzare e gestire il processo di marketing	Prospect	Database integrato del processo di marketing	n/a
Customer Relationship Management	'90	Front office, venditori	1to1	Azienda	Gestire la relazione con il cliente	Cliente	Database accessibile dal front office	LTV (Life Time Value)
ECRM	fine '90	Front office, venditori	1to1	Azienda	Gestire la relazione con il cliente on line	Cliente	Database aggiornato in modo automatico tramite Internet	n/a
Customer managed Relationships	'00	Front office, venditori	1to1	Cliente	Far gestire al cliente le relazioni con l'azienda	Cliente	Strumenti di comunicazione ed interazione gestiti dal cliente.	n/a
Web Relationship Management / Stake Holder Marketing	2003	Tutte	1to1	Azienda + attori esterni	Fornire strumenti di gestione della relazione alle persone interne all'azienda e ai clienti e prospect.	Tutti (cliente, prospect, giornalisti, e-fluential, ...)	Web, oggetti di interazione digitale, website, percorsi digitali, web-campaign, profilazione dinamica, ecc...	n/a
Social Network Marketing	2005	Tutte	In rete	Azienda + attori esterni	Creare messaggi veicolati dai clienti	Tutti (cliente, prospect, giornalisti, e-fluential, ...)	n/a	NCV (Network Customer Value)

*Broadcast: la trasmissione di informazioni da un sistema trasmittente ad un insieme di sistemi riceventi non definito a priori, Wikipedia 2008, http://it.wikipedia.org/wiki/Broadcast

** Narrowcast: l'invio di informazioni ad un insieme predefinito di persone, Webopedia 2008, http://www.webopedia.com/TERM/n/narrowcast.htm

*** 1to1: principio di marketing secondo il quale ogni cliente va considerato in modo unico e speciale. Si concretizza nella personalizzazione sul singolo cliente (tramite un rapporto uno-a-uno con il venditore) dell'offerta aziendale (prodotto, prezzo, assistenza post-vendita...), Advertiser.it, 2008 http://www.advertiser.it/Glossario.aspx?i=0

4.3 L'evoluzione del marketing

Il marketing si è concentrato fino ad oggi sulle caratteristiche dei singoli clienti potenziali, come il ruolo in azienda, o la frequenza di interazione con determinati media. Una volta identificate le caratteristiche di profilazione, si aggregano gli individui in categorie, ad esempio tutti i responsabili del personale che leggono quotidianamente Il Sole 24 Ore. L'ipotesi di fondo è che tutti gli individui di una categoria reagiscano in modo sostanzialmente identico allo stesso messaggio e che ad esempio i responsabili del personale che leggono Il Sole 24 Ore acquistino un inserto de Il Sole 24 Ore sui salari in Italia.

Il Social Network marketing richiede in più una profilazione delle persone, in funzione del ruolo che occupano all'interno della rete complessiva ed utilizza le relazioni tra le persone come canale per veicolare il messaggio.

Marketing tradizionale	"Social Network marketing"
Si concentra sugli attributi degli attori	Rivela l'accesso profilato a risorse come informazione, benessere e potere
Aggrega individui in categorie	Evidenzia come i collegamenti generino opportunità e limiti
Presume che il comportamento di individui nelle stesse categorie sia identico	Valuta comportamenti alternativi e non si limita a trattare i processi sociali come somma di attributi e di comportamenti dei singoli
Si focalizza sulle correlazioni all'interno di una categoria sociale	

Fonte: elaborazione di C. Webster, 2003

Una delle principali limitazioni del marketing tradizionale consiste infatti nel considerare le decisioni di ogni cliente scollegate dagli altri. In realtà, l'acquisto di un prodotto è influenzato da relazioni dirette come amici, conoscenti, business partner, ecc.

Gli effetti di rete, conosciuti nella letteratura economica come "esternalità di network", sono di grande importanza.

4.3.1 L'importanza del Social Network marketing

Se si analizza il modo in cui le persone si scambiano informazioni e si danno consigli, rispetto ad un certo acquisto, emerge l'importanza della rete di conoscenze nel processo di scelta di un prodotto. In particolare:

I clienti possono ignorare i messaggi delle aziende, ma ascoltano i loro amici.

Ogni giorno si è sottoposti a circa 1.500 messaggi pubblicitari , un numero che va oltre la capacità di acquisizione cosciente. Quando ci si trova a fare un acquisto d'impulso, possiamo farci condizionare dal nostro subconscio, ma nel momento in cui dobbiamo prendere una decisione ragionata, ricorriamo di solito agli amici, per un consiglio in base alle loro esperienze e competenze.

I clienti sono scettici, ma hanno fiducia nei loro amici.

La grande dimensione delle aziende e la spersonalizzazione del rapporto hanno creato un distacco tra il cliente e le società. I messaggi inviati dalle aziende vanno quindi avvallati da persone di fiducia, come i testimonial e gli amici e conoscenti.

I clienti condividono informazioni, più facilmente con l'email e gli SMS.

La diffusione di sistemi di comunicazione a basso costo ha diffuso enormentente le comunicazioni interpersonali a distanza: di fatto siamo sempre connessi con i nostri conoscenti. Negli anni '80, era spesso citata una ricerca, in cui i clienti soddisfatti di un prodotto lo dicevano a quattro persone, mentre quelle insoddisfatte dell'acquisto a undici. Se si dovesse rifare la stessa analisi oggi, con la possibilità di scrivere a più persone contemporaneamente attraverso un'email, o di parlare gratuitamente con il VOIP, i numeri aumenterebbero in modo esponenziale, in particolare quello degli insoddisfatti.

4.4 L'analisi della rete e la definizione del messaggio

Per la progettazione del Social Network Marketing sono importanti quattro fattori:

Profilazione delle singole persone, in funzione del loro ruolo nella rete.

Identificare le persone in funzione del loro ruolo nella rete di relazioni ci permette di capire, ad esempio, quali attori, meglio di altri, possono generare messaggi su un certo prodotto o servizio e chi può veicolarli.

Struttura della rete di relazioni tra le persone.

Il sistema di relazioni tra le persone di interesse per una società crea una mappa di collegamenti che è necessario conoscere. L'obiettivo è sapere dove agire, al fine di veicolare nuovi messaggi.

Messaggio.

Il messaggio può essere progettato in modo che attraversi la rete di relazioni di interesse. Le caratteristiche di un messaggio pervasivo sono legate, in particolare, alla sua capacità di essere replicato e di convincere ad agire.

Contesto.

Il contesto in cui viene veicolato il messaggio è essenziale per il successo di un'iniziativa di comunicazione. Conoscere ed influenzare il contesto permette di creare le condizioni perché i messaggi possano pervadere il sistema.

4.4.1 Profilazione

Caratteristiche di rete

Le persone possono essere profilate in funzione del loro ruolo nella rete. Persone con un numero esponenzialmente più alto di connessioni sono dette Connettori o Hub, e sono importanti per la diffusione dell'informazione per l'alto numero di messaggi che possono distribuire. Non a caso, se si vuole fermare un'epidemia di influenza, i primi gruppi di persone a cui si consiglia il vaccino sono i dipendenti pubblici e gli sportellisti bancari e delle poste, perché, se infettati dall'influenza, avrebbero una forte capacità di diffusione.

Gli Hub conoscono molte persone, riescono ad occupare molti mondi diversi e subculture, per via di qualcosa di intrinseco alla loro personalità: curiosità, autostima, socialità ed energia[72]. Sono il collante sociale della rete.

Gli Ambasciatori permettono il collegamento tra gruppi distinti di persone. Gli Hub sono spesso Ambasciatori, ma non sempre è vero il contrario. Ad esempio, Gaetan Dugas, l'assistente di volo canadese che ebbe 2500 partner e che diffuse l'AIDS, era sia Hub che Ambasciatore: aveva numerosi rapporti con persone di ambienti diversi tra loro (legami deboli). Gli Ambasciatori sono le vere chiavi per la diffusione completa di un messaggio. Sono gli attori con legami deboli a detenere per primi nuove informazioni. Per individuare gli Ambasciatori, è possibile agire sulle intersezioni fra gruppi, ad esempio inviando un messaggio specifico a un gruppo con persone di tipo diverso.

---

72 Capire se si è un hub è possibile attraverso un semplice esercizio: scegliere a caso una lista di cognomi dalle pagine bianche, contare quante persone si conoscono con i cognomi e far ripetere lo stesso esercizio ai nostri conoscenti, chi ottiene il numero più alto è un probabile hub.

Un altro metodo per identificare gli Ambasciatori consiste nel determinarne
le caratteristiche, ad esempio viaggiare o transitare da un gruppo ad un
altro: gli aeroporti sono pieni di Ambasciatori. Sono gli Ambasciatori a
detenere le relazioni più importanti in una rete: i legami deboli.

Caratteristiche personali

I Maven, in yiddish MAY-vin che significa "chi accumula sapere", sono
raccoglitori di conoscenza su un argomento specifico, persone alle quali
ci si rivolge per avere chiarimenti su temi particolari. Il Maven accumula
conoscenza su un certo tema per amore del sapere e prova piacere nel
condividere l'informazione e dare consigli disinteressati alle persone.
Ognuno di noi conosce molti Maven, sono le persone a cui ci rivolgiamo,
ad esempio, per un consiglio sull'acquisto di una macchina o per la
coltivazione di una pianta.
Il ruolo svolto dai Maven è essenziale per la scelta nell'acquisto di un certo
prodotto e per questo devono essere individuati, all'interno di un piano di
Social Network marketing.
Per tracciare queste persone si possono costruire le cosidette "trappole
per Maven". I numeri verdi che si leggono su un pacchetto di pasta o di
cereali ne sono un esempio: le uniche persone che chiameranno per avere
maggiori informazioni sulla composizione saranno proprio i Maven.
Esiste un'altra categoria di persone motivate a diffondere il messaggio.
Sono i Venditori o Sneezer che hanno la capacità di tradurre un certo
messaggio in un linguaggio comprensibile alle persone "non esperte" di un
tema. Sono coloro che riescono ad identificare, per ogni fenomeno, i fattori
interessanti per tutti. La loro motivazione alla diffusione del messaggio
può essere un incentivo etico o economico. Per raggiungere questi attori,

bisogna agire sull'incentivo: con un compenso o attraverso la finalità etica del messaggio stesso.

Il valore di rete di un cliente.

La profilazione di un individuo può essere anche quantitativa, ogni persona in una rete ha caratteristiche misurabili. Il Customer Network Value[73] (CNV) valuta il valore di un cliente in funzione della sua posizione in una rete. Partendo dal concetto di Life Time Value (LTV), che identifica il valore di un cliente in funzione dei suoi futuri acquisti, il CNV valuta gli acquisti che il cliente è in grado di influenzare, ad esempio "quanti libri il cliente acquisterà per sé, ma anche di quanti influenzerà l'acquisto".

A clienti con un alto valore di network (CNV) vanno proposte promozioni speciali in relazione al loro ruolo (es. sconto del 10% per sé e per un amico, se questo acquista un prodotto o un servizio nel giro di una settimana). Le promozioni devono essere win-win-win, deve cioè esserci un vantaggio per la società, l'acquirente e l'amico dell'acquirente.

Un cliente il cui LTV è inferiore alla spesa di marketing necessaria per acquisirlo, potrebbe essere comunque profittevole, se si considera il suo valore di network. Al contrario, la spesa marketing diretta verso un cliente profittevole può essere inutile, se gli effetti di network lo hanno già convinto all'acquisto. Il valore di network del cliente dipende dall'intero sistema[74].

Il cliente ottimale a cui indirizzare azioni di marketing:

- è probabile che dia un buon giudizio del prodotto

---

73 Concetto diffuso dal Dr. Andreas Weigend, già a capo dei ricercatori di Amazon ora a Weigend Associates LLC a luglio 2004 ad un evento SAS "International Forum on business intelligence". Il tema fu per la prima volta citato nel 2001 su "Mining the Network Value of Customers" Pedro Domingos, Matt Richardson, University of Washington.

74 Per approfondimenti si veda: "E-commerce 2020: Perspectives from Business – Visions for Research"; Berlin, 6 novembre 2003

- ha un peso rilevante nel determinare l'apprezzamento del prodotto da parte di molti dei suoi conoscenti
- ha molti conoscenti, facilmente influenzabili
- ha un'alta probabilità di acquistare il prodotto e quindi una maggiore probabilità di dare un apprezzamento che influenzerà i conoscenti
- ha molti conoscenti con le sue caratteristiche

Per ottenere una valutazione completa del valore di network di un cliente, è necessario valutare inoltre l'evoluzione del suo ruolo all'interno del sistema. È essenziale prevedere una profilazione evolutiva, perché i contesti di riferimento (gruppi, relazioni, ruoli) mutano nel tempo.

4.4.2 La struttura della rete

La rete di interconnessioni sociali tra persone si forma collegando gli individui che si conoscono tra loro. Un sistema complesso raramente è definibile nella sua totalità.
In alcuni casi, è però possibile disporre della mappa completa delle relazioni. Un esempio sono le compagnie telefoniche, che conoscono il traffico telefonico di ogni cliente e le relazioni telefoniche che questi hanno con altri. Un altro esempio è il web, di cui è stata disegnata una mappa divisa in quattro continenti distinti: IN, Central Core, OUT e Isole. Da IN ci sono siti che puntano al Central Core, o all'OUT. Nel Central Core ci sono i siti che possono essere tutti raggiunti fra loro, in OUT i siti senza ritorno, nelle Isole i siti non raggiungibili dagli altri tre continenti.
Quando l'intera mappa è disponibile, è possibile simulare a priori la diffusione del messaggio e le modifiche da indurre nella rete.
Nella maggior parte dei casi, però, non si conosce la mappa completa

delle relazioni che uniscono le persone in un sistema. Tuttavia, è possibile conoscerne le caratteristiche, definendone la tipologia e deducendone le proprietà.

Rete di potenza o casuale?

In una "rete casuale" non esistono persone con relazioni molto superiori alla media ed è sufficiente che ognuno sia collegato in media ad un'altra persona perché l'intero sistema sia connesso. In una "rete di potenza", esistono invece persone "hub," con connessioni enormemente superiori ad altre.

Vi sono due teorie per la diffusione dei messaggi nelle reti di potenza: diffonderli tramite gli hub, oppure passare dai nodi con poche connessioni, perché meno soggetti a messaggi e più facili da convincere (secondo Watts, la probabilità che un individuo reinoltri un messaggio è inversamente proporzionale ai messaggi che riceve). Poiché le reti di potenza sono tenute assieme dagli hub, se non diffondono i messaggi, questi rimarranno isolati, all'interno di isole di relazioni. L'alternativa agli hub esiste e sono gli ambasciatori.

Quanti hub e ambasciatori?

La presenza e la rilevanza di hub e ambasciatori, all'interno della rete, permette di definire la strategia e il tipo di messaggio da creare.
In una rete completamente collegata, dove non ci sono resistenze alla diffusione, il messaggio arriverà comunque a tutti. La presenza di molti hub e ambasciatori serve solo come acceleratore. Maggiori sono le resistenze e maggiore è la necessità di coinvolgerli[75].

---

75 Questo concetto è stato dimostrato da Pastor-Satorras e Vespignani nel 2000 i quali hanno verificato che in reti di potenza non c'è una soglia sotto la quale il virus non si espande, quindi tutte le reti vengono saturate dalla

Quanti sono stretti i gruppi di amici?

Un altro fattore importante da conoscere sulla struttura di una rete è come si creano le relazioni tra persone: quanta influenza ha la struttura (conosciamo solo persone che conoscono i nostri amici) e quanta l'agenzia (conosciamo persone estranee alla nostra rete di amicizie). Questo fattore è misurato da un indicatore detto alfa, compreso tra zero e uno[76].

In tutte le reti, esiste un punto critico di alfa, dove il diametro della rete, la distanza media tra due persone, inizia a scendere velocemente. Così se conosciamo persone lontane da noi, sarà più facile mettersi in contatto con tutti, come dimostrato da Granovetter nel suo studio sulla ricerca del posto di lavoro, tramite persone che vediamo di rado.

Se si conoscono solo persone lontane, i gruppi scompaiono. I piccoli mondi in una rete compaiono quando il valore di alfa è abbastanza alto per ridurre il diametro della rete, ma non così alto da ridurre le aggregazioni[77].

Gli indicatori dei collegamenti in una rete permettono di prevedere fenomeni sociali come l'autosegregazione. Thomas Shelling di Harvard verificò che l'aggregazione razziale è soggetta ad un equilibrio delicato: negli Stati Uniti, ad esempio, non si rimane in un quartiere, se si rappresenta una minoranza. Se le persone del nostro gruppo etnico scendono sotto il 30%, si hanno esodi improvvisi.

Fitness o status quo?

---

diffusione del virus, solo con tempi diversi.

76 Watts e Strogatz definiscono l'alfa model : a seconda del valore di alfa si passa da situazioni in cui un nodo ha molti legami con altri nodi non collegati fra loro e viceversa (Solaria world vs. Caveman world).

77 Un valore di alfa alto permette infatti di collegare gruppi anche molto distanti. Un valore di alfa troppo alto però fa si che le persone non abbiamo mai conoscenze in comune, eliminando di fatto i gruppi. Il coefficiente di clustering, che indica la presenza di gruppi nel sistema, ad un certo livello di alfa inizia quindi a scendere velocemente indicando la scomparsa dei piccoli mondi. Vedi nota precedente.

Le reti possono mantenere le proprietà, lo status quo, dei propri componenti o perderle. L'hub può rimanere tale per sempre, o essere superato. Ciò che identifica questa tendenza è l'evoluzione e la nascita di nuovi attori e nuovi hub. Diversi indicatori spiegano come evolve una rete: la variabilità della fitness tra i diversi nodi, la mortalità dei nodi e la loro nascita.

Se il valore di fitness, la capacità di attrarre nuove connessioni, è simile tra tutti i nodi, la struttura della rete è stabile. Altrimenti, la rete diventa dinamica attraverso la nascita e la mortalità di nuovi hub, modificando di conseguenza tutte le sue caratteristiche.

4.4.3 Il messaggio

Un messaggio "contagioso" si può progettare: è necessario poterlo replicare facilmente, le persone devono avere un incentivo a trasmetterlo e deve essere persistente nel tempo.

La diffusione di un messaggio

Il formato del messaggio ha un forte impatto sulla sua diffusione. Le società di consulenza consegnano i documenti più importanti solo in formato cartaceo, per rendere più difficile la loro diffusione all'esterno dell'azienda cliente. Se si vuole che il messaggio sia diffuso, è necessario offrire formati multipli e sovvenzionare il costo di inoltro del messaggio stesso, il francobollo della comunicazione. Una strategia utilizzata on line è l'opzione "Invia ad un amico", legata al contenuto: l'inserimento del solo indirizzo del destinatario evita al mittente di doversi occupare della spedizione, o della formattazione del messaggio.

Nel caso di pubblicità di un servizio, il suo stesso uso può essere "socializzato", permettendo di condividerne l'utilizzo ed i risultati con altri. Un confronto tra *atlanteitaliano.it* e *maps.google.com* permette di capirlo. Entrambi i servizi dispongono di fotografie dall'alto di tutto il territorio (italiano nel primo caso e mondiale nel secondo), e permettono di vedere la foto della propria casa. Il primo servizio è stato reso disponibile nel 2000, il secondo nel 2005. Atlanteitaliano.it è sconosciuto ai più, nonostante offra un dettaglio maggiore anche delle zone rurali. Il servizio di Google si è diffuso a macchia d'olio, nonostante non sia pubblicizzato. La ragione è la "socialità" del prodotto. Il sistema di atlanteitaliano.it non permette di estrarre le foto [78] in alcun formato e di memorizzare le ricerche. Google crea invece immagini estraibili e link riutilizzabili dal proprio sito. La grande innovazione di Google è stata la creazione di API[79], o applicazioni di interfaccia, che permettono di inserire altre informazioni all'interno delle mappe (ad esempio, la mappa degli agriturismi, o delle sedi della propria azienda) da parte degli utenti.

Per favorire la diffusione di un messaggio, è necessario dare un incentivo per la sua replica. La persona che riceve il messaggio va stimolata a passarlo ad altri per ottenere vantaggi per sé oltre che per il ricevente. L'inoltro del messaggio deve essere un favore che la persona fa a chi lo riceve. Ad esempio, nel ristorante di New York, Carmin's Restaurant si ricevono portate abbondanti a buon prezzo, ma è necessario prenotare almeno per sei. Per poter accedere, vanno coinvolti gli amici, che si fanno un "favore" a vicenda. Uno dei servizi di e-commerce di successo in Francia è vente-privée.fr, creato nel 2000 da d'Oredis, un grossista specializzato nello smaltimento di scorte di abbigliamento. Ogni mattina, alle sette vengono venduti capi di vestiario a prezzi molto contenuti e

---

78 Non è possibile estrarre foto neppure con il Print Screen! L'unico modo è fare una foto allo schermo con una macchina digitale.

79 Application Programming Interface: interfacce che integrano le funzionalità in applicativi di terzi.

regolarmente, nel giro di qualche ora, oltre ventimila persone comprano l'intera offerta. Vente-privée non consente a tutti di acquistare: solo le persone invitate da altri acquirenti lo possono fare e vengono dotate di chiave d'accesso. Chi riceve l'invito, riceve un "favore" e può accedere ad acquisti convenienti; chi lo invia riceve un bonus di otto euro, da spendere se l'invitato acquista nella prima settimana.

I servizi di comunicazione sono i più adatti alla promozione in rete. La loro natura fa sì che siano promossi e ricordati ad ogni utilizzo. Associare una componente di comunicazione al prodotto o al servizio permette di creare proprietà "auto-promozionanti". Questo concetto è utilizzato nell'"object based promotion", la promozione tramite gli stessi oggetti che si vogliono pubblicizzare. Si pensi, ad esempio, al lancio del brand Guru in Italia, con magliette indossate in TV dai calciatori, o ai furgoni a noleggio, con il logo impresso su tutti i lati. Un'altra via è l'inserimento di elementi "sociali" nel prodotto stesso, come lo scambio digitale di biglietti da visita da palmare a palmare, o la Polaroid che permette di condividere con altri il prodotto, le foto, in modo istantaneo.

Perché un messaggio si diffonda all'interno di tutta la rete, è importante che non abbia scadenza o che questa sia più lontana possibile. Al raggiungimento di questa data, il messaggio cessa di diffondersi. La scadenza, tuttavia, è anche uno strumento che incentiva un'azione da parte di chi la riceve: si pensi, ad esempio, ai buoni sconto per andare ad un ristorante entro una certa data.

Se il messaggio ha la finalità di convincere una persona, e non solo di informarla, la sua ripetizione aumenta la probabilità di successo. I soggetti devono essere quindi incentivati a ripetere il messaggio più volte. La leggera modifica di uno stesso messaggio è un'idea alla base del successo di molti telefilm: una stessa storia raccontata in modo

diverso ogni volta[80].
È importante che il messaggio sia "sticky", appiccicoso, ovvero che possa essere ricordato, e di conseguenza diffuso, per molto tempo.

Un messaggio che convince

Un obiettivo importante nella comunicazione è che chi riceve il messaggio sia spinto verso un obiettivo. Gli elementi per farlo sono l'usabilità, la seduzione e l'impatto.
L'usabilità del messaggio ne permette un'immediata comprensione. Se nei primi 15 secondi non è immediato il beneficio, difficilmente il messaggio potrà convincere.
Una volta compreso il messaggio, chi lo riceve deve "volerne seguire" le indicazioni. La personalizzazione del servizio o del messaggio è uno strumento di generazione di interesse. Ad esempio Nomix [81], un sito dedicato ai nomi, offre servizi per fare scherzi, attraverso la personalizzazione e l'invio di pagine finte di giornali con i nomi di conoscenti.
Infine, va previsto l'impatto del messaggio. Più è basso, maggiore è la necessità di prevedere ulteriori occasioni di ripetizione dello stesso. Uno dei messaggi pubblicitari più ripetuti, non a caso, è quello delle acque minerali che le persone vedono come prodotto indifferenziato, per il quale è quindi necessario la continua ripetizione del brand.
Le motivazioni legate alla comunicazione di un messaggio hanno due caratteristiche: i benefici che possono essere solo per chi lo diffonde o anche per chi lo riceve, e il ruolo di chi lo invia che può essere volontario o inconsapevole (ad esempio come parte dell'utilizzo del prodotto o

---

80   The Stickiness Factor (esperimento con lo Distracter per Sesame Street e BluÈs Clue, p104 Tipping Point)

81   www.nomix.it

servizio).

Incrociando queste due caratteristiche si evidenziano quattro tipi di motivazione alla comunicazione del messaggio: la segnalazione ad un gruppo di appartenenza, la creazione di notorietà, l'evangelismo motivato e la raccomandazione mirata. La segnalazione ad un gruppo di appartenenza include, ad esempio, la comunicazione di un formato e programma da utilizzare come quando si invia un file formato .pdf. La creazione di notorietà è ciò che avviene quando si utilizza un servizio per comunicare: se si pubblica un filmato su YouTube o una foto su Flickr indirettamente si fa pubblicità ai servizi. L'evangelismo motivato si ha quando una persona cerca di convincere altri a compiere un'azione come l'acquisto di gruppo per ottenere uno sconto. Infine, la raccomandazione mirata si ha quando una persona consiglia volontariamente di fare un'azione, come l'utilizzo della funzione di "invia ad un amico" di un sito.

Motivazioni alla comunicazione del messaggio

Destinazione dei benefici	Ruolo attivo di chi racconta	Ruolo passivo di chi racconta
Esternalità di rete positive (anche per chi riceve il messaggio)	Segnalazione ad un gruppo di appartenenza (es. formato Acrobat pdf, Hotmail, Real Media Player)	Evangelismo motivato (acquisti di gruppo, ICQ, Skype ...)
Minimi o locali (solo per chi diffonde il messaggio)	Creazione di notorietà (YouTube, efax, Bluemountain...)	Raccomandazione mirata (Blairwitchproject, invia ad un amico...)

Fonte: "Computer Mediated Communication in Social Networks: Knowledge Sharing and Patterns of Influence",

Mani Subramani, Balaji Rajagopalan, settembre 2001

4.4.4 Il contesto

Per cambiare le convinzioni e i comportamenti delle persone, è necessaria una comunità. Una notizia si diffonde tra persone per le quali essa è rilevante, le epidemie si diffondono in ambienti poco salubri , una moda ha successo quando è legata ad eventi di contesto. Una protesta si rinvigorisce se è visibile: un esempio sono le bandiere della pace appese sui balconi, per fermare la guerra in Iraq.

La formazione di connessioni tra persone è soggetta al contesto. Nuove amicizie si formano in ambienti che favoriscono la socializzazione: una palestra o una discoteca; i fumatori si trovano tra loro fuori dai locali, dopo che la legge italiana ha vietato il fumo all'interno. È probabile trovare nuovi clienti o partner in fiere o convegni, come è probabile che ci si relazioni con qualcuno se lavora nella stessa azienda, o è un vicino di casa. In un'isola chiamata Micronesia si verificò un fenomeno studiato dai sociologi: improvvisamente, i giovani dell'isola iniziarono a suicidarsi. Il fenomeno era strano, dato che, la Micronesia era isolata dal mondo e non subiva influenze negative dall'esterno. I questo caso, il contesto lo fornì un ragazzo che si era suicidato per amore, dando ad altri un esempio. Più persone si suicidavano, maggiore era il contesto che rendeva tollerabile la situazione. I compositori di canzoni d'amore parlavano di suicidi, i ragazzi ne discutevano apertamente e facevano patti di suicidio tra loro, ammirando coloro che si erano uccisi. Il fenomeno iniziò negli anni '60 e arrivò al suo apice negli anni '90, con circa 60 suicidi all'anno, su 100 mila persone.

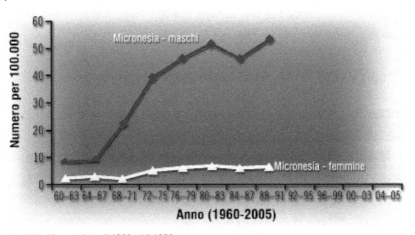

I suicidi in Micronesia tra il 1960 ed il 1990

Vi sono due modalità di gestione del contesto, per favorire la diffusione di un messaggio: modificarlo (es. creare un nuovo fenomeno sociale), o sviluppare uno già esistente (es. newsgame [82]).
La modifica del contesto necessita di maggior impegno, in quanto richiede

---

82   Gioco on line basato su fatti di attualità.

la modifica di un comportamento in maniera indiretta.

La teoria della finestra rotta[83] spiega che se una finestra è rotta e non viene riparata, le persone che la vedono concluderanno che non importa a nessuno. Nel 1993, il sindaco di New York Giuliani, nella sua politica della "tolleranza zero" contro la criminalità ormai fuori controllo, iniziò proprio dalle "finestre rotte". La metropolitana fu ripulita da scritte e disegni e nessun vagone potè uscire al mattino se aveva nuovi graffiti. Inoltre, ci fu una stretta contro i numerosi cittadini che prendevano la metropolitana senza biglietto. La strategia ebbe successo nei confronti della criminalità. In 10 anni, vi fu una diminuzione di 60 mila crimini violenti[84].

Il contesto fu studiato dallo psicologo Philip Zimbardo negli anni '70, con il celebre esperimento della finta prigione. Furono scelte ventiquattro comparse tra settanta studenti universitari[85]. Ad alcuni si diede il ruolo di prigionieri, agli altri di guardie. Tutti erano rinchiusi in una finta prigione. Presto, nonostante tutti fossero consapevoli della finzione, la situazione iniziò a degenerare, con i detenuti che sbeffeggiavano le guardie e le guardie che approfittavano del loro ruolo. Dopo soli sei giorni, sui 14 previsti, l'esperimento fu interrotto. Il contesto della prigione aveva condizionato il comportamento delle persone a tal punto da non poter continuare.

La modifica di un contesto può essere progettata per il marketing di un prodotto. In Giappone, la Nestlè Japan decise di rilanciare nel Paese un prodotto inventato nel 1931, la barra di cioccolato KitKat. La similarità del

83 Nota come "broken window theory" dall'articolo "Broken Windows: The police and neighborhood safety" del 1982 di James Q. Wilson and George L. Kelling (http://www.manhattan-institute.org/pdf/_atlantic_monthly-broken_windows.pdf). L'articolo spiega la necessità di intervenire tempestivamente sul contesto per evitare che degradi.

84 http://www.manhattan-institute.org/html/cr_22.htm

85 15 dollari all'ora

nome con "kitto katsu" ("spero tu abbia successo!" in giapponese) diede l'idea ai responsabili del prodotto. Gli hotel di Tokio iniziarono a regalare barrette di cioccolato, come buon auspicio, alle migliaia di studenti che arrivavano in città per affrontare i test di ingresso universitari. Gli studenti non sapevano che le barrette erano sponsorizzate dall'azienda. Nei tre anni successivi, uscirono campagne pubblicitarie molto blande su KitKat, che non facevano vedere il prodotto, ma raccontavano storie di utilizzo della barretta come portafortuna. I blog iniziarono a parlarne sempre più e le vendite esplosero. La strategia promozionale evitò accuratamente qualunque messaggio pubblicitario, perché, nella cultura dei giovani giapponesi, la pubblicità è vista con sospetto. Il risultato è stato raggiunto: le barrette KitKat sono un amuleto di buona fortuna in Giappone.

Il contesto è un potente mezzo di condizionamento delle persone, delle loro azioni e dei messaggi che si scambiano. Non sempre è necessario modificarlo per ottenere il risultato voluto. Se si vuole solo diffondere un messaggio e non influenzare il modo di pensare delle persone, è sufficiente utilizzare il contesto esistente. Questo è possibile in diversi modi, ad esempio inserendo il proprio messaggio nell'ambito di eventi come fiere, o indirizzandolo verso gruppi di persone con alta interazione fra loro, come gli studenti, o ancora legandolo ad esigenze o trend nascenti.

Un'ulteriore modalità di gestione del contesto consiste nel fondere il messaggio con l'attualità. La popolarità dei newsgame, giochi digitali legati alle principali notizie del giorno, deriva dall'integrazione del divertimento con le news. Ad esempio, all'epoca dello scandalo Parmalat, il gioco di "Parman" spopolò in rete: Parman, ovvero Callisto Tanzi, l'artefice del crack della Parmalat, doveva raccogliere monete e scappare dai poliziotti. Se vinceva, Tanzi finiva alle isole Cayman, altrimenti in prigione a San Vittore[86].

---

86 Chi volesse giocare può scaricarlo dal sito www.bastardidentro.com

Per scegliere il miglior messaggio da veicolare, è necessario studiare il contesto. In uno studio del 1996, si analizzò il comportamento d'acquisto delle persone, in funzione delle macchine acquistate in precedenza[87]. Emerse che le persone propense a cambiare marca tendevano ad acquistare macchine di "transizione", per poi acquistarne altre ancora. Le marche di passaggio cambiavano a seconda del Paese degli acquirenti e risultarono per il mercato francese, Peugeot Renault e Ford, mentre per quello britannico, GM e Rover. Le azioni di marketing delle altre marche si sarebbero dovute quindi concentrare sui clienti delle marche di transizione, per avere maggiori probabilità di successo.

Infine, il contesto può essere generato dalle stesse persone: la presenza di molti individui a cui viene richiesta un'identica azione genera una responsabilità ad agire diffusa, che inibisce l'azione stessa. Si pensi alla fine delle conferenze, quando viene chiesto di porre delle domande, o alla differenza che passa tra incontrare una persona bisognosa di aiuto in una via cittadina affollata o in mezzo ad un deserto. Se dal contesto capiamo che solo noi possiamo intervenire a modificare una situazione, saremo più propensi a farlo. Viceversa, se riteniamo che altri possano occuparsene, di solito non interverremo.

---

87   Network analysis of brand switching behaviour, Dawn Iacoubucci et. al., 1996, International Journal of Reaearch in Marketing. Studio relativo a dati dell'acquisto di macchine tra il 1986 ed il1989.

4.5 L'impatto

In una campagna di Social Network marketing, si possono perseguire diversi obiettivi. È possibile diffondere un nuovo brand, o dargli certe caratteristiche, spingere all'azione le persone che ricevono il messaggio, o creare un meccanismo di pressione tra pari (peer pressure [88]).

4.5.1 Impatto: brand e azione

Ricordare e definire il brand

Ogni azienda vuole che i clienti ne ricordino il nome, per farlo si può generare un forte impatto emozionale o creare un messaggio ripetitivo. La creazione di un messaggio di forte impatto è complessa, in quanto vanno associate attualità e originalità. Un esempio è il cartone animato diffuso in rete dopo gli attacchi alle torri gemelle. Nel filmato, si associava una canzone popolare italiana (Tu vuo' fa' l'americano, ripensata per l'occasione come Tu vuo' fa' o' talebano) e una grafica eccellente a versi e scene umoristiche, legate ad un fatto di grande attualità: la ricerca in Afghanistan di Bin Laden da parte di Bush.[89] Alla fine del filmato, c'era un link alla webagency che l'aveva creato e che divenne così molto popolare, grazie ai 12 milioni di persone che avevano visto il cartone animato in rete. La seconda modalità consiste nel creare un messaggio ripetitivo, leggermente modificato ogni volta nella sua forma, tipicamente con uno strumento di comunicazione. Il fatto di ricevere biglietti da visita via

---

88 L'influenza che i nostri amici hanno su di noi che ci fa agire.

89 Per vedere il filmato visitate www.my-tv.it

infrarossi sui palmari dalle nuove persone che incontriamo ci ricorda l'utilità del nostro palmare, e chiedere ad altri se possono riceverli pubblicizza lo strumento stesso. Un esempio è Blackberry®, che include in fondo a tutte le email inviate dal palmare, il messaggio: "Le email ti raggiungono ovunque con BlackBerry®", una pubblicità al servizio stesso.

Spingere all'azione

Per ottenere un'azione da parte di chi riceve un messaggio, va fornita una forte motivazione. L'invito all'azione deve esplicitare un chiaro vantaggio ad agire e, in ottica di Social Network, l'azione deve portare un beneficio anche ad altri individui. Pensando al filmato di Tu vuo' fa' o' talebano, nonostante la forte popolarità, solo poche decine di migliaia di persone seguirono l'invito posto alla fine del filmato a visitare il sito della web agency. Fortunatamente per la società, quasi 2 milioni furono le visite arrivate spontaneamente nel mese di diffusione del filmato. Quello che era mancato, probabilmente anche per il successo inaspettato, era la progettazione di un percorso da seguire ed un incentivo a farlo.

Far spingere all'azione

L'azione può essere promossa dalla creazione di meccanismi dove le persone hanno un incentivo comune. Il peer pressure è un fenomeno che si genera quando le persone ricevono benefici per azioni svolte insieme. Far sì che un proprio conoscente sia dotato di email permette di utilizzare la propria. Se un parente si dota di un telefono Voice Over IP, si può comunicare gratuitamente. Un incentivo comune può essere creato in modo artificiale, attraverso benefici per chi esegue una certa azione. Ad esempio, le assicurazioni offrono spesso un bonus a chi "porta un amico" insieme ad agevolazioni per il nuovo cliente.

4.5.2 Percorso del messaggio

Percorrere una rete e cercare un'informazione all'interno di un sistema è uno dei problemi più complessi. Si immagini un commesso viaggiatore che deve visitare clienti residenti in diverse città e scegliere il percorso più breve. Il percorso non è immediatamente calcolabile, ma deve essere stimato per approssimazione [90]. I servizi on line di calcolo di percorsi su mappe (es. mappe.Virgilio.it, viamichelin.it) identificano il percorso migliore tra due punti per approssimazione, confrontando i diversi percorsi. Il problema si complica quando i luoghi da visitare aumentano e non è più sufficiente calcolare il percorso più breve tra due punti, ma bisogna anche cercare la sequenza ideale. Una situazione che può succedere ad un turista che vuole visitare tutti i punti di attrazione di una città o nella navigazione integrale di un sito web.

Il messaggio può diffondersi in una rete di persone secondo diverse modalità e la sua natura può condizionare il percorso all'interno della rete. La modalità con cui viene comunicato sono molte e diverse fra loro: se il messaggio è un oggetto fisico unico, come una lettera, può essere trasferito solo da una persona ad un'altra[91], se è un segreto, è svelato ad una persona alla volta[92], se è una notizia da prima pagina, è comunicato a più individui contemporaneamente[93].
Il messaggio può incontrare limitazioni nella sua diffusione. Se si invia un messaggio tramite persone di fiducia, queste lo recapitano alla persona

---

90   Si veda, ad esempio: http://www.patol.com/java/TSP/

91   Trasferimento: comunicazione di un messaggio non replicabile né divisibile. Una volta comunicato il messaggio solo il ricevente potrà reinoltrarlo a qualcun altro.

92   Duplicazione seriale: comunicazione di un messaggio che può essere comunicato ad un ricevente alla volta.

93   Duplicazione parallela: comunicazione di un messaggio che può essere comunicato a più riceventi.

che credono più vicina all'obiettivo attraverso il percorso più breve[94].
Se il messaggio è una notizia di attualità, non viene ripetuto alla stessa
persona; in questo caso, il messaggio riceve una limitazione: non può
passare sulle stesse connessioni più di una volta[95]. La varicella non infetta
le persone che l'hanno già avuta, non passa dagli stessi nodi/persone
più di una volta[96]. Una moda o una religione possono essere comunicate
più volte anche alle stesse persone, per aumentare il loro livello di
convincimento[97].

Incrociando le due caratteristiche dei messaggi (modalità di
comunicazione, limitazioni del messaggio nella sua diffusione) è possibile
determinarne il successo.

Un messaggio ha diverse proprietà, a seconda della modalità con la quale
si diffonde in rete:
1.   la sua propagazione può avvenire tramite trasferimento, replica
seriale (uno alla volta), replica parallela (simultaneo, broadcast);
2.   la traiettoria seguita dal messaggio può essere la più breve per
raggiungere un punto (geodesica), avere dei limiti in termini di collegamenti
(trail) e nodi (path) o non averne (walk)[98].

---

94 Geodesica: percorso più corto tra due elementi.

95 Trail: percorso che non attraversa le stesse connessioni all'interno di una rete

96 Path: percorso che non passa per gli stessi nodi più di una volta all'interno di una rete

97 Walk: percorso senza limitazioni all'interno di una rete

98 Inoltre è possibile introdurre un'ulteriore dimensione di analisi: la bidirezionalità, ovvero quando l'influenza è bidirezionale o meno. Messaggi che interagiscono fra loro ed evolvono perché compatibili fra loro.

Tipi di percorsi nella rete

	Duplicazione parallela (simultaneo)	Duplicazione seriale (una alla volta)	Trasferimento
Geodesiche, percorso più breve (no stessi nodi, no stessi link)	Avviso degli interessati di un evento catastrofico (es. le persone in spiaggia per lo tsunami), o collettivo (a tutti i soldati della fine della guerra)	Gioco del domino	Servizi postali, staffette
Path (no stessi nodi)	Gioco del GO	Influenza Spagnola	Book ring
Trail (no stessi collegamenti)	Mobilitazioni politiche via email	Mobilitazioni politiche via sms, confidare un segreto.	Book crossing Beni di seconda mano
Walk (nessun limite)	Leggende metropolitane, diffusione di una moda, diffusione di una religione	Campagna degli abbracci gratuiti*	Un quadro Una banconota

* www.freehugscampaign.org

Fonte: adattamento da Borgatti[99]

La diffusione di un messaggio o di un'innovazione all'interno di una rete può essere valutata dal numero di persone che adottano l'innovazione, o che eseguono ciò che viene richiesto dal messaggio. Lo studioso di

99   Centrality and Network Flow, Stephen Borgatti, Boston College, 2002

comunicazione Everett Rogers ideò un modello utilizzato spesso per
spiegare l'evoluzione di un'innovazione. Una curva a campana, che divide
le persone in tre categorie: gli innovatori, la massa ed i ritardatari. Per
ciò che riguarda le reti, è interessante studiare un punto in particolare di
questa curva: dove l'innovazione inizia ad essere adottata dalla massa.

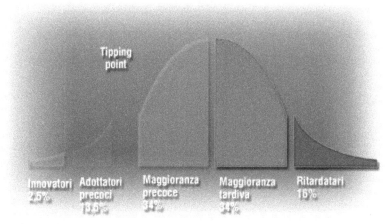

Curva di innovazione

Questo punto è nominato "Tipping Point", e rappresenta il momento in cui
tutto cambia. La prima volta che fu utilizzato questo termine fu negli anni
'70, quando, analizzando la situazione di coabitazione tra bianchi e neri
dei quartieri delle città statunitensi, si notò che se un gruppo superava
un dato livello di presenza, avveniva un esodo. Ad esempio, i bianchi
abbandonavano i quartieri quando la presenza di afroamericani superava il
15%. Gli eventi in rete iniziano lentamente e ad un certo punto esplodono,
seguendo una progressione di potenza. Un elemento di particolare
interesse è la differenza tra innovatori e massa. Gli innovatori sono soggetti

al cambiamento anche sotto l'azione di un solo individuo, mentre la massa ha bisogno del convincimento da parte di più persone che abbiano già adottato l'innovazione. L'innovatore è spesso infatti un Maven.

4.6 Le leggi della Teoria delle Reti e il Social Network marketing

I sistemi complessi si comportano in modo simile.

A.   Alcuni nodi sono più importanti di altri (es. per numero di connessioni, per centralità rispetto al sistema, per il fatto di unire due parti distinte del sistema, ...).

Le persone sono caratterizzate per la loro posizione all'interno della rete sociale. Le persone che hanno contatti con i clienti ricevono per prime le informazioni sul mercato. Queste sono quelle riconosciute con competenza ad interagire per valutare la messa in produzione di un prodotto.
Per veicolare l'offerta di un'azienda, è necessario identificare chi può creare messaggi sui servizi e prodotti offerti, chi può condizionarli e chi può veicolarli. È quindi essenziale per un'azienda avere la mappa dei Maven (es. professori universitari), degli Ambasciatori (es. distributori esteri) e Hub (es. giornalisti e testimonial).

B.   Alcune connessioni sono più importanti di altre (es. i link deboli).

Le relazioni tra persone possono essere utilizzate per veicolare o influenzare i messaggi. Alcune di queste relazioni sono particolarmente importanti come, ad esempio, quelle tra gli esperti del nostro prodotto e le persone con alta influenza sui nostri clienti, o quelle tra i clienti dei nostri concorrenti ed i nostri.
Identificando come queste connessioni vengono a crearsi, è possibile determinare le modalità per condizionare e favorire i legami. Ad esempio, la

realizzazione di una fiera, o un convegno, o il lancio di un nuovo servizio.

C.   *Perché una rete sia completamente connessa, è sufficiente che in media, ogni nodo abbia una connessione.*

Perché un messaggio possa raggiungere tutte le persone, è necessario che queste siano collegate fra loro, con una rete di relazioni. In caso contrario, si devono indirizzare più messaggi a diverse reti. Se ogni persona ha in media una relazione all'interno di un insieme di persone, allora ci sarà un gruppo centrale coeso.

Il metodo di iscrizione chiuso adottato da molte società on line, come Vente-priveé e Gmail, dove un nuovo iscritto deve essere invitato da una persona già registrata in precedenza, dà la sicurezza che ognuno conosca almeno un'altra persona che utilizza quel servizio.

Nel caso classico, in cui la base di possibili clienti esiste in modo indipendente dalla società, è importante conoscere i distinti gruppi di relazione, per i diversi messaggi da veicolare a ciascuno.

D.   *Perché un messaggio si diffonda, ogni nodo che riceve il messaggio deve reindirizzarlo ad almeno un altro nodo.*

Se il messaggio viene reindirizzato, almeno una volta, da tutti coloro che lo ricevono, allora continuerà a diffondersi. Per sapere se un messaggio sta rallentando la sua diffusione, è sufficiente sapere quando il ridirezionamento medio scende sotto l'unità. Per aumentare la sua diffusione, si deve agire sull'aumento del numero medio di persone a cui viene reindirizzato il messaggio[100].

---

100 Quando il tasso di riproduzione del messaggio è superiore a uno si ha il cosiddetto punto di non ritorno epidemico. Nel caso di reti di potenza in cui il messaggio non riceve resistenza da parte degli hub (es. un virus) il valore da superare non è più uno, ma zero.

Per creare un messaggio pervasivo, è necessario produrre un forte
incentivo a condividerlo con chi ancora non lo conosce. In questo senso,
sono state create campagne in cui i clienti che ne invitano di nuovi
ottengono dei regali. In questo modo, sono le persone stesse a verificare
che i nuovi prospect non siano già clienti.
Se si dispone dei dati di diffusione, è particolarmente importante agire con
nuovi incentivi nel momento in cui la diffusione per soggetto si avvicina
all'unità.

E.   Il messaggio può essere all'origine di nuove connessioni.

Per tutte le reti, ma soprattutto per quelle poco coese, è possibile ideare
dei messaggi per creare relazioni non ancora esistenti tra le persone. Il
messaggio in questo caso genera nuovi collegamenti sui quali viaggiare,
rafforzando la sua efficacia.
Una delle storie più riprese su Internet è la "Free Hugs Campaign", la
campagna per gli abbracci gratuiti avviata nel 2004 da un australiano,
conosciuto con lo pseudonimo di Juan Mann. Juan camminava per le
strade del centro con un cartello "Free Hugs", abbracci gratuiti. A chiunque
si avvicinava offriva un abbraccio. Nonostante le iniziali remore dei
passanti, presto molti iniziarono a copiarlo con cartelli simili in altre città.
La campagna ottenne notorietà mondiale, grazie ad un filmato pubblicato
su Youtube[101] a fine 2006, visto oltre dieci milioni di volte, che lanciò la
moda di registrare le reazioni dei passanti in tutte le città del mondo.

F.   Il percorso per unire qualunque coppia di nodi è molto breve.

Se due persone non si conoscono direttamente, è probabile che

---

101 http://www.youtube.com/watch?v=vr3x_RRJdd4

abbiano comunque una conoscenza in comune. Tutti i nostri clienti sono potenzialmente in grado di parlare con tutti gli altri, se gli viene dato un motivo valido.

La pressione ad agire esercitata su di noi dai nostri conoscenti è forse la maggior forza che ci spinge all'azione. Permettere quindi ai clienti di sapere quali dei loro conoscenti utilizza il servizio è uno strumento di fidelizzazione, perché conferma la loro scelta.

G.   *Il comportamento di un nodo dipende spesso dal comportamento dei nodi che lo circondano.*

Convincere una persona a operare una scelta non sempre richiede un'azione diretta. A volte è sufficiente che le persone che conosce abbiano un certo comportamento. Solo pochi individui, detti innovatori, si attivano sotto l'influenza di una singola persona che li spinge all'azione. Tutti gli altri hanno bisogno di più conoscenti che li convincano e li consiglino. Per questo, è utile fornire argomenti facilmente utilizzabili dalle persone, quando parlano del servizio che si vuole diffondere.

L'utilizzo delle doppie frecce in autostrada per segnalare rallentamenti improvvisi è un'abitudine che si è diffusa grazie al suo semplice utilizzo. Nessun codice della strada lo prevedeva e, anzi, in Gran Bretagna, era esplicitamente vietato con una norma del 1996. Tuttavia, il largo utilizzo e l'efficacia nel prevenire incidenti ha fatto sì che sia diventata prassi in tutti i Paesi europei. Questa abitudine è nata probabilmente da alcuni codici di comunicazione di alcuni camionisti, gli innovatori, ed è in seguito stata ripresa dagli automobilisti.

H.   *Per espandere una rete bisogna moltiplicare, non sommare.*

Se si vuole espandere il numero di clienti, di partner, di fornitori, di giornalisti interessati alla propria azienda, o anche di altri attori ritenuti interessanti per l'azienda, vi sono due approcci: la somma o la moltiplicazione. Aprire nuovi uffici postali o ampliare le sezioni di un sito è l'approccio della somma. Creare le buche delle lettere o fornire strumenti per leggere in nuovi modi il sito è l'approccio della moltiplicazione. La somma prevede una continuità con l'esistente e permette una crescita lenta, fino al raggiungimento della saturazione della struttura utilizzata, la moltiplicazione permette invece l'accelerazione continua e una crescita repentina, svincolata da problemi di saturazione. In caso di colli di bottiglia di una rete, è necessario seguire la via della moltiplicazione.

Quando Beppe Grillo ha deciso di rendere disponibile una versione cartacea degli articoli del suo Blog[102], ha creato una raccolta settimanale degli articoli ed ha messo a disposizione un file stampabile direttamente on line chiamato "La Settimana". Molti dei lettori del blog stampano e fotocopiano "La Settimana" e la distribuiscono nelle loro città. La tiratura è già stimabile in 300 mila copie, il tutto in assenza di un sistema distributivo classico.

---

102 http://www.beppegrillo.it/magazine.php

4.7 I sette tipi di social network marketing

4.7.1 Inviare il messaggio per profilazione

Il metodo più semplice per diffondere un messaggio in un gruppo di persone consiste nell'individuare quelle più propense a comunicarlo. Questo approccio nasce negli anni '80, con il targeted marketing; in ottica di Social Network marketing, non si individuano soltanto le persone propense ad un'azione (es. all'acquisto), ma anche le persone che, con più probabilità, diffonderanno il messaggio nella rete di clienti. Profili importanti diventano quindi Hub, Maven e Ambasciatori. Il messaggio veicolato deve essere legato al contesto per facilitarne la diffusione. Gli Hub, i Maven e gli Ambasciatori vanno sempre scelti all'interno del contesto del messaggio veicolato.

Un esempio comune sono le conferenze stampa dove si comunica a degli Hub e, a volte, anche Maven particolari: i giornalisti. I giornalisti dispongono di molti contatti per svolgere il loro lavoro, oltre ad avere un potere di amplificazione del messaggio enorme, tramite le testate per le quali scrivono.

Per una comunicazione efficace, i messaggi devono considerare il ruolo dei riceventi. Il messaggio per i Maven deve porre attenzione al contenuto ed essere dettagliato nei particolari, perché possa essere verificato. Il messaggio indirizzato agli Hub deve essere semplice e diretto, perchè possa essere verificato.

Il meccanismo della promozione nella rete sociale, è stato analizzato attraverso il cinema. Il mercato dei film è interessante per il Social

Network marketing, perché la scelta di un film è fatta in larga parte
in base al passaparola. Per un anno e mezzo, tra il gennaio 1996 e il
settembre 1997, sono stati raccolti dati sulle preferenze, sui giudizi e
sui consigli di 73 mila persone relativi a 1.628 film.[103] Questo database
è stato reso disponibile per valutare sistemi di filtraggio collaborativo,
ovvero sistemi di analisi su come i consigli delle persone che
conosciamo ci influenzano.

In uno studio basato su questi dati, sono stati valutati tre tipi di approcci
marketing.

Il mass marketing, con l'invio di un messaggio a tutti
indiscriminatamente. Il direct marketing, con l'invio di un messaggio in
funzione del LTV (Life Time Value) dei riceventi, ovvero in base a quanti
film andranno a vedere in futuro. Il network marketing, con l'invio del
messaggio in funzione del CNV (Customer Network Value), ovvero in
base a quante persone gli individui sono in grado di convincere.

L'unico approccio profittevole è stato quello a rete, basato sul Customer
Network Value (CNV). Lo studio permette di capire l'importanza, per le
campagne pubblicitarie, della profilazione dei clienti e delle interazioni
che hanno tra loro.

La società Friendster, un servizio di social network, ha siglato accordi
con aziende come Dreamworks, per la promozione del film "Anchorman",
o come la NBC per la promozione del reality show "The Apprentice",
inserendo i personaggi dello show all'interno del servizio. Questo a
dimostrazione che le aziende stanno iniziando ad utilizzare metodi
"sociali" per veicolare i propri messaggi.

---

103 Esempio: analisi del database EachMovie (www.research.compaq.com/src/eachmovie/) che contiene 2,8
milioni di rating di 1628 film da parte di 72.916 persone raccolti tra il 29 gennaio 1996 e il 15 settembre 1997
gestita dall'allora DEC (oggi Compaq) Systems Research Center.

In modo più metodico, la Procter&Gamble ha messo a punto un panel di 200 mila teenager[104] che possano influenzare i coetanei per la promozione dei propri prodotti.

Lo stesso principio è stato seguito da Chris e Luke: due ragazzi che, tramite il loro sito[105], hanno ottenuto una sponsorizzazione per il college da parte di una società finanziaria. Attraverso il sito si erano candidati a promuovere i prodotti della società all'interno del campus studentesco.

4.7.2 Offrire vantaggi per collaborare due a due

Ideare strumenti di comunicazione e vantaggi destinati a chi deve trasmettere il messaggio e al destinatario per incentivare l'inoltro del messaggio. L'invio di un biglietto gratuito per un evento da seguire in coppia crea un motivo di comunicazione tra due persone.

Nella stessa ottica, può essere offerta una prova gratuita ai clienti, da comunicare ai propri amici, come l'accesso per una settimana ad una palestra.

Il limite di questo metodo è che il messaggio si esaurisce al primo passaggio. Per continuare la diffusione del messaggio, bisogna ripetere l'invio o rendere disponibili nuovi messaggi/promozioni.

Il vantaggio introdotto da questa tecnica è la creazione del "peer pressure", ovvero la spinta all'azione richiesta direttamente da un amico o da un conoscente.

Yub[106] è un sito di vendita on line, dove le persone possono

---

104 Il panel di teenager è noto come "Tremor unit"

105 ChrisandLuke.com

106 Yub = "Young Urban Buyers" è l'acronimo di buy.com, la società proprietaria.

raccomandare prodotti ai propri amici, guadagnando commissioni sulle vendite in caso di acquisto. Anche l'amico ottiene un piccolo sconto sul suo acquisto. Il sistema si basa sulla credibilità della raccomandazione e sulla fiducia.

Gmail, il servizio di Google per la posta elettronica, nel periodo di lancio, è stato accessibile solo su invito da parte di un utente. Il sistema era elitario e la crescita era controllabile, agendo sul numero di inviti disponibili per gli utilizzatori. All'inizio, ogni iscritto poteva invitare solo fino a sei amici, ma presto il limite fu portato a cento e molti siti editoriali o di beneficenza si ritrovarono con inviti da regalare ai propri lettori. Curiosamente, il 57% dei nuovi iscritti a Gmail ha spostato il proprio indirizzo da Hotmail, che è stata una delle prime realtà ad aver intuito le potenzialità del viral marketing.

4.7.3 Generare una diffusione a cascata che pervade il sistema

Quando si parla di messaggi virali, si intende una diffusione a "cascata" su tutti i componenti della rete. Il messaggio è replicato da molte persone verso altre, che sono propense a inoltrarlo a loro volta. La diffusione avviene se, in media, ogni persona inoltra il messaggio ad almeno un'altra.

La diffusione pervade l'intero sistema in un tempo limitato, una stessa persona può ricevere più volte il messaggio da parte di persone diverse, come succede con alcune email che ci vengono girate da amici. Questo tipo di messaggi è inefficiente, rispetto allo sforzo richiesto per la diffusione, in quanto tutti lo replicano, senza valutare chi lo abbia già ricevuto. Le diffusioni virali sono quindi sporadiche, perché il sistema tende a creare delle contromisure. Ad esempio, spesso iniziamo a non leggere più email inviate a molte persone assieme. Per avere successo, il messaggio deve essere fortemente legato al contesto e legarsi ad una notizia, o una tendenza emergente.

Negli Stati Uniti, la possibilità di dare un ordine a una persona vestita da pollo ha reso popolare Burger King. Chiunque, accedendo al sito, poteva scrivere[107] ordini al pollo, che prontamente li eseguiva. In 17 mesi, ha ricevuto oltre 442 milioni di visite, generate esclusivamente dal passaparola.

Anche prima di Internet, esistevano sistemi di diffusione a cascata. Il modo di dire "Catena di Sant'Antonio" deriva da una lettera circolante negli anni '50, che iniziava con "Recita tre Ave Maria a Sant'Antonio" e riportava le fortune capitate a chi l'aveva ricopiata ed inoltrata a amici e parenti, e le disgrazie che avevano colpito chi ne aveva interrotto la diffusione.

4.7.4 Il messaggio cavalca la comunicazione esistente.

La creazione di un servizio di comunicazione permette di avere un canale da utilizzare, per veicolare i messaggi associati a quelli trasmessi. Il servizio di posta Hotmail ebbe successo grazie a questo meccanismo: l'inserimento di una riga che pubblicizzava il servizio in tutte le email inviate con Hotmail permise la diffusione immediata ed esponenziale del servizio. Nel primo anno e mezzo, si registrarono 8,7 milioni di persone registrate ed i fondatori Jack Smith and Sabeer Bhatia ottennero 400

---

107 www.subservientchicken.com

milioni di dollari da parte di MSN.

Per inserirsi nelle comunicazioni esistenti, è possibile anche brandizzare i supporti dei messaggi come, ad esempio, i Post-IT.

Il messaggio, in questi casi, viene inviato in modo passivo, ma comunque ripetitivo, creando quindi un'alta visibilità e *brand awareness* del servizio promosso, ma uno scarso incentivo all'azione. Se il supporto è digitale e connesso alla rete, il messaggio può essere modificato in funzione del contesto e del tempo. Alcune aziende, a margine delle email inviate dai dipendenti, inseriscono in automatico la pubblicità dei servizi offerti. Il servizio di pubblicità di Google fa apparire pubblicità legate al contenuto delle pagine in cui vengono visualizzate.

Esistono esempi di questo metodo anche nel mondo fisico: le "Icecards" sono biglietti da visita personalizzati, che si ricevono gratuitamente a casa con il brand dello sponsor sul retro.

L'*object based advertising* identifica oggetti ad alta visibilità sui quali inserire il proprio messaggio. Le magliette della Guru, indossate dai calciatori famosi, ne sono un esempio, come l'utilizzo di contenitori e furgoni brandizzati per consegnare la spesa a casa da parte dei supermercati on line. Anche se il bene è digitale, come un servizio di pagamento in un negozio, lo si può promuovere nel mondo fisico, con le vetrofanie per i negozi, o i bollini applicati sui computer per i sistemi operativi.

Uno studio[108] condotto sui clienti di Netgrocer, un supermercato on line statunitense, ha analizzato 400 mila acquisti eseguiti nei primi

---

108 David R. Bell professore di marketing a Wharton ha analizzato ("Social Contagion and Trial on the Internet: Evidence from OnlineGrocery Contagion") gli effetti dei fattori di "contagio sociale" utilizzando i dati dei clienti di Netgrocer.com nei primi 45 mesi di vita del negozio on line (dal maggio 1997 a gennaio 2001 per oltre 30 mila CAP negli Stati Uniti per un totale di 382.478 transazioni. Nello studio è stato identificato il "neighborhood effect".

quattro anni di vita della società. Lo studio ha evidenziato un "effetto da vicinato": i vicini dei clienti esistenti avevano il 50% di probabilità in più di diventare nuovi clienti. Non era importante il negozio da cui veniva consegnata la merce, ma l'abitazione dei clienti esistenti. Le persone che vedevano i propri vicini utilizzare il servizio avevano modo di sapere dell'esistenza del servizio e quindi chiedere dettagli sul funzionamento e sulla bontà del servizio.

I nuovi clienti apparivano dove c'erano altri clienti, come un virus. A fronte di questa scoperta, Netgrocer differenziò i costi di trasporto, in funzione della zona servita. Emerse inoltre che l' "effetto da vicinato" è legato soprattutto al primo acquisto. Quando il cliente ha la propria esperienza, si affida ad essa, ignorando quella altrui.

Netgrocer proseguì la propria linea di marketing, identificando zone prioritarie, in funzione del numero di famiglie, densità della popolazione e urbanizzazione di singole zone.

Netgrocer ha identificato un fenomeno di evoluzione della propria base di clientela in termini di rete e, di conseguenza, ha definito il proprio obiettivo nell'indirizzare le zone migliori, per influire sul rapporto tra vicini. Questa impostazione è applicabile per qualunque business dove ci siano opportunità per l'emulazione o per il riacquisto.

4.7.5 Il messaggio crea "peer pressure" ad agire.

La creazione di un messaggio che mobiliti verso un obiettivo comune è la tecnica di Social Network marketing che più spinge le persone all'azione. La società petrolifera IP ha lanciato un'iniziativa denominata "Insieme per lo Sport". Il concorso permetteva di vincere dei premi per la propria società sportiva, se tutti i compagni di squadra si rifornivano dalla catena petrolifera e raccoglievano i punti. Erano gli stessi membri della società sportiva a motivarsi a vicenda, per poter ottenere il premio per la società. Per creare meccanismi di pressione provenienti dai nostri "pari" è necessario un obiettivo. Il gruppo di persone indirizzato deve essere coeso, ad esempio gli studenti che raccolgono prove d'acquisto per un progetto di beneficenza concordato in classe, i vicini del nostro quartiere, o del nostro palazzo, che organizzano un evento di vicinato.

Nel settore delle compagnie petrolifere, è diffusa l'abitudine a creare raccolte di punti fedeltà cumulabili con altre persone. Un esempio è Tamoil che permette a tutti i familiari di condividere i punti raccolti. In questo caso i nostri pari ci spingono a scegliere una certa area di servizio.

Nel commercio elettronico di beni fisici il trasporto è una voce di costo che spesso incide in modo significativo sul prezzo complessivo dell'acquisto. Diversi studi indicano che questo è un forte deterrente all'acquisto, le iniziative dove il costo di trasporto supera il 30% del valore del bene spesso falliscono. Una tecnica di Social Network marketing, per l'aumento della base clienti, combina le spese di trasporto fra più acquirenti vicini fisicamente. Se dei vicini di casa ordinano prodotti dalla stessa società per lo stesso giorno di consegna, possano risparmiare sul costo del trasporto. Il vantaggio per l'azienda in questo caso è duplice: una diminuzione dei costi accessori al prodotto ed un "peer pressure" tra clienti spinti a condividere i loro acquisti per ottenere un vantaggio. Questa tecnica è particolarmente efficace per acquisti routinari, come la spesa al supermercato, dove il fatto di doversi accordare ogni volta consente di programmare gli acquisti in modo anticipato e regolare (es. il primo sabato di ogni mese), ma soprattutto dallo stesso fornitore.

Un esempio di acquisti organizzati da parte dei clienti già esiste e sono i GAS (Gruppi di Acquisto Sociali). Gruppi di vicini che si accordano per fare la spesa assieme, con sconti sull'acquisto ripartiti fra tutti.

4.7.6 Il messaggio abilita la creazione di nuovi contatti

Il messaggio può creare nuovi contatti tra persone. Alla maggior parte di noi piace socializzare, un motivo o uno strumento per entrare in relazione è visto come positivo.

Durante[109] la campagna promozionale[110] del film "Gli Incredibili. Una normale famiglia di supereroi", fu lanciato un concorso in collaborazione con la catena McDonald's. Sui bicchieri di cartone, era presente un codice da inviare via sms, per partecipare ad un concorso ed ottenere un regalo digitale certo. Tra i regali c'erano suonerie, loghi e giochi, a seconda del modello di cellulare posseduto.

Uno dei regali digitali consisteva nella possibilità di invitare un amico attaverso un messaggio telefonico con la voce di un doppiatore del film. Il messaggio iniziava con una frase spiritosa, recitata da Amanda Lear e terminava con "McDonald's-Disney. Questo invito ti arriva direttamente

---

109 Dicembre 2004

110 Messaggio al telefono: 'Sisisisisi ho troppo da fare, è semplicemente impossibile. ma visto che insisti tanto tesoro… Accetto.' [voce di Amanda Lear, uno dei personaggi del film' Gli incredibili una normale famiglia di supereroi']. 'Se vuoi chiedere a qualcuno di uscire con te mandagli questo invito. Scopri come, nell'SMS che stai per ricevere.'
Msg SMS: 'Con McDonald's e Disney puoi stupire un amico: mandagli questa dedica! Come? Invia un SMS al 3404323000 col TUO nome e il SUO num di cell. Es:Lisa 347xxxxxx' Mittente: 4323000
Si inviava il messaggio con il numero di telefono ed il nome del mittente. Oltre al messaggio telefonico arrivava anche un invito:
"McDonald's-Disney Questo invito ti arriva direttamente da 'Gli incredibili' e da Davide. 'Gli incredibili' e le loro sorprese ti aspettano da McDonald's."

da 'Gli incredibili' e da nome del mittente. 'Gli incredibili' e le loro
sorprese ti aspettano da McDonald's."
Il messaggio creava una nuova occasione d'acquisto e definiva un
possibile percorso della serata: McDonald's e cinema.
Per orientare le persone a creare nuove relazioni, bisogna conoscere
in quali occasioni si incontrano. Se gli studenti universitari sono il
target, è noto che le matricole sono le più propense a cercare nuove
conoscenze. Va dato quindi loro modo di creare gruppi di discussione su
temi particolari, o con gruppi sportivi. Comunione e Liberazione utilizza
questa tecnica da sempre per reclutare nuovi iscritti, offrendo sessioni di
discussione alle matricole universitarie.
Anche i prodotti possono evolvere con funzioni di comunicazione, per
creare relazioni tra persone. L'animaletto elettronico Tamagotchi, di
moda negli anni '90, è stato integrato con funzionalità di interazione con
suoi simili (Tamagotchi Connection[111]), permettendogli di "fidanzarsi",
"litigare" e "avere figli", tramite connessioni ad infrarossi. Passeggiando
per strada, il compagno elettronico può quindi farci iniziare una
conversazione con altri passanti.

4.7.7 Il messaggio abilita la creazione di nuovi gruppi.

Il messaggio crea gruppi, oltre a legami tra persone. In questo caso, la
motivazione ad agire è molto più forte.
Un fenomeno in grande ascesa sono i blog, diari tematici on line sui quali
chiunque può scrivere un proprio commento. I più importanti stanno
aggregando comunità di persone, legate fra loro per l'appartenenza

111 http://en.wikipedia.org/wiki/Tamagotchi_connection

ad una "comunità" di interesse. Grandi aziende come General Motors, Microsoft e L'Oreal hanno creato spazi di relazione tra i loro clienti.
Un motivo di aggregazione può essere la convenienza per il cliente, con sconti sui prodotti, o la messa a disposizione di aste inverse, dove il prezzo di un prodotto scende all'aumentare degli acquirenti.
Su bottegaverde.it sono in vendita giornalmente prodotti il cui prezzo scende, in funzione del numero di acquirenti.
Le comunità di clienti possono creare benefici per gli aderenti, grazie alla semplice appartenenza. Editrice Giochi ha creato una comunità legata a uno dei suoi giochi più famosi: il Risiko. Oltre a un forum dedicato, con oltre quattromila iscritti, organizza tornei on line ed i circoli nel mondo fisico, fornendo scatole gratuite per i tornei ed un giudice nazionale collegato on line in diretta.
La creazione di spazi ed obiettivi per un gruppo permette di creare un insieme fedele di clienti uniti da un legame di reciproca utilità.

I sette tipi di Social Network Marketing

	1	2	3	4	5	6	7
Descrizione	Inviare il messaggio per profilazione	Offrire vantaggi per collaborare due a due.	Generare una diffusione a cascata che pervade il sistema.	Il messaggio sfrutta la comunicazione esistente.	Il messaggio crea "peer pressure" ad agire	Il messaggio abilita e/o sfruttala creazione di nuovi contatti	Il messaggio abilita la creazione di nuovi gruppi.
Esempi	Direct email, conferenze stampa, ...	"Invita un amico"	"o' Talebano", Catene di Sant' Antonio, Multilevel Marketing, ...	"Hotmail", Object advertising (es. T-shirt, auto, ...), "Post-IT", "e-bay".	Acquisti di gruppo, spingere ad aggregarsi, creare concorsi dove è necessario allearsi (es. collezionismo sorprese o codici)...	Tamagotchi a infrarossi, email (estensioni), Plaxo, quando nuovi nodi entrano (es. matricole universitarie)...	Comunità, convegni
Commenti	Es. Si possono identificare gli hub o tutti i potenziali clienti	Il messaggio si esaurisce al primo passaggio. I vantaggi sono per entrambi.	I messaggi devono essere attuali e divertenti. Il loro utilizzo diffuso congestiona il sistema.	Messaggio passivo ma continuativo		Cercare dove e come ci si conosce	
Impatto Brand	+ +	+ +	+ +	+ + + +	+ +	+ + + +	+ +
Impatto Action	+ +	+ + +	+	0	+ + + +	+	+ +
Percorso del messaggio	Profilati	Ovunque	Ovunque	Ovunque	Profilati	Auto Profilati	Auto Profilati
Profilare il messaggio per gli interlocutori	SI	SI	NO	NO	NO	NO	NO
Il messaggio cambia i nodi	NO	NO	NO	NO	NO	SI	SI
Peer pressure	NO	SI	SI	SI-	SI	SI-	Si-

5. SOCIAL NETWORK BUSINESS

5.1 Cercarsi

Contattare altre persone è un problema che l'uomo ha sempre risolto
creando dei registri: registri degli abitanti di un comune, registri dei
nuovi nati, elenchi telefonici, elenchi di email, database di curricula vitae.
Tuttavia, di rado si conoscono con precisione nome e luogo di residenza
delle persone da contattare.
Su Internet sono presenti molti servizi basati sui sei gradi di separazione.
Se i gradi che separano chiunque nel mondo sono solo sei, allora è
relativamente facile mettersi in contatto con qualcuno che conosce chi
stiamo cercando.
Plaxo permette l'aggiornamento della nostra agenda attraverso il contributo
dei nostri conoscenti, già presenti in rubrica. Il servizio invia un'email
periodica ai nostri contatti per richiedere l'eventuale aggiornamento
dell'agenda.
L'auto profilazione è la base di molti servizi di incontro. Facebook è il
più importante sistema per fare nuove amicizie. Ha oltre 110 milioni
di iscritti[112], che possono richiedere un contatto con altre persone, se
conosciute dai propri amici. Altri servizi dedicati alla ricerca di contatti
sono Orkut, il servizio di Google, MySpace che permette agli oltre
180 milioni di iscritti la pubblicazione di proprie canzoni e Datemypet,
dedicato agli incontri fra animali. La scelta di chi vorremmo incontrare
può basarsi su molti aspetti. Può svilupparsi per interessi, come ad
esempio in 43things, ma anche in base alle canzoni ascoltate, che creano
automaticamente dei legami di affinità, come in Audioscrobbler.
Molti servizi hanno la finalità di generare contatti per il proprio lavoro, o

---

112 http://www.facebook.com/press/info.php?statistics

per cercarne uno nuovo, come Linkedin, eAcademy e OpenBC. In questi siti, è possibile identificare il percorso di conoscenze che ci separa da un altro iscritto. Le applicazioni si sono evolute anche all'interno delle aziende: Spoke mette a fattor comune i contatti interni ad un'azienda per finalità commerciali, ad esempio, un venditore può verificare se un collega ha conoscenti in un'azienda cliente.

L'evoluzione di questi sistemi è stata favorita dalle tecnologia delle comunicazioni: con la diffusione dei cellulari e degli strumenti di localizzazione geografica. Il servizio WhoAt è ideato per il cellulare. Inserendo il posto dove ci si trova (anche via sms) è possibile sapere chi dei nostri amici è in zona. Dodgeball offre un servizio simile, la localizzazione del nostro cellulare e di quello dei nostri amici è automatica, permettendo di individuare anche persone con relazioni di secondo grado, gli amici dei nostri amici.

I servizi di conoscenza e profilazione fanno evolvere anche servizi tradizionali come quello dei trasporti. Le ferrovie francesi hanno ideato un servizio nel 2006 per i treni veloci TGV: all'atto della prenotazione, era possibile indicare i propri interessi per viaggiare insieme a persone con caratteristiche desiderate.

5.2 Organizzarsi

L'uomo ha sempre creato istituzioni, per organizzare la convivenza e per raggiungere obiettivi comuni. I costi delle organizzazioni frenano però il loro sviluppo. L'organizzazione a rete, invece, permette di estenderle.
La creazione di contatti fra due persone è solo una delle possibili applicazioni legate ai Social Network. La digitalizzazione dei contatti ha permesso la formazione di gruppi di interesse auto-organizzati. I gruppi d'acquisto in Italia sono nati nel 1994, con il duplice obiettivo di risparmiare ed acquistare prodotti biologici ed ecosostenibili. Il primo, a Fidenza, raggruppava 50 famiglie e fu imitato da altre 60 famiglie a Reggio Emilia.[113]
L'organizzazione di famiglie in Gran Bretagna è andata oltre la spesa. Il Redbricks Online Neighbourhood Network è un esempio di come la tecnologia possa aiutare a creare servizi per un gruppo di persone del mondo fisico. Nel 1998, il Bentley House Estate a Manchester era un quartiere povero, ad alta densità abitativa. Oggi è un network di 90 abitazioni, unite da computer tramite Internet, che utilizzano una Intranet sviluppata dagli abitanti. Le riunioni per la realizzazione avvenivano al pub, oggi i residenti pagano solo 12 sterline al mese, per un accesso illimitato ad Internet. Le telecamere attorno agli stabili sono collegate alla Intranet, in modo da distribuire il lavoro di sorveglianza: chiunque dei residenti può

113 I gruppi d'acquisto in Italia nascono nel 1994 con il duplice obiettivo di risparmiare e acquistare prodotti sani e privi di sfruttamento dell'ambiente. Nel 1997 nasce la rete dei gruppi d'acquisto allo scopo di collegare i diversi gruppi fra loro.
GAS (Gruppo d'Acquisto Solidale) di Fidenza è il primo in Italia: 50 famiglie coinvolte ed ristretto numero di persone che si occupano di amministrare l'associazione, finanziata da una quota d'iscrizione una tantum e piccoli arrotondamenti sui prezzi di listino dei fornitori.
GAC di Reggio Emilia fondato nel 1994 raggruppa 60 famiglie e si finanzia con ricarichi tra il 15 ed il 20% sui prezzi di listino

controllare, tramite lo schermo, la situazione del quartiere in ogni istante della giornata. Il progetto, non sostenuto da finanziamenti pubblici, ha richiesto 200 mila sterline, investite in modo spontaneo dai residenti. Tra le tante attività condivise del quartiere, ci sono acquisti di gruppo e la contrattazione di sconti.

La Rete ha reso più efficienti i processi d'acquisto. Sul sito Bid.it!, il prezzo di un prodotto diminuisce con l'aumento del numero di acquirenti.

La Rete ha reso l'organizzazione degli acquirenti più efficiente. Sono molti i progetti che aggregano acquirenti di uno stesso prodotto. Uno dei siti più utilizzati è il servizio giapponese Rakuten[114], con migliaia di prodotti disponibili per l'acquisto di gruppo, dall'alimentare all'abbigliamento. Maggiore è il numero di acquirenti in un certo periodo, maggiore è lo sconto per tutti i clienti. Un progetto simile è il sito statunitense Onlinechoice, specializzato in serviziutilità, come la telefonia, e le assicurazioni sanitarie. Ogni iscritto può segnalare un interesse non vincolante per un servizio, al raggiungimento di un numero minimo viene richiesta un'offerta conveniente al fornitore, che tutti sono liberi di accettare o meno.

Letsbuyit[115] permette l'acquisto di gruppo, il cobuying, dove il prezzo dei prodotti scende, in funzione del numero di acquirenti, ed è possibile acquistare solamente nel caso sia raggiunto un certo valore, sulla scala di prezzi esposta.[116]

Zopa è un servizio che permette di prestarsi denaro a vicenda, con

---

114 http://www.rakuten.co.jp/groupbuy/

115 http://www.letsbuyit.com

116 Sevenstore.it è un gruppo d'acquisto di consumatori per il quale è richiesto un abbonamento. Il cliente può acquistare on line con un bonus scontabile sul prezzo d'acquisto o accumulabile per il futuro. Il bonus è una redistribuzione all'abbonato dei guadagni societari di Sevenstore. L'abbonamento gratuito per 24 mesi si ottiene con il primo acquisto.

il pagamento dell'1% di commissione a chi prende in prestito del denaro. Nessuna spesa è imputata a chi mette a disposizione il denaro. Zopa permette di contrattare il tasso di prestito voluto e di mettere in comunicazione persone, dove esiste spazio per un accordo (Zone Of Possibile Agreement). Per esempio, se Maria vuol prestare i suoi soldi a un tasso di interesse sopra il 3% e Matteo è disposto a prendere un prestito con un tasso non superiore al 5%, esiste uno spazio possibile di accordo tra il 3 ed il 5%. Il servizio è stato autorizzato dagli organismi di controllo finanziario, ma ci si può aspettare presto una controffensiva da parte delle banche verso un modello bancario p2p[117], che le esclude dallo scambio finanziario.

Quando una persona si registra su Zopa, ottiene immediatamente il proprio tasso di rischio, in seguito alle domande ed ai controlli condotti all'atto dell'iscrizione, sul quale gli altri utenti possono basarsi per valutare l'affidabilità. Per ridurre il rischio di insolvenza, i prestiti vengono divisi tra 50 creditori e 50 debitori.

Un'idea simile è stata utilizzata anche per il mondo delle scommesse. Betfair ha inventato le scommesse p2p, o meglio ha permesso di giocare con persone che non conosciamo direttamente. Chiunque può scommettere su molti eventi sportivi e sociali. Il giocatore può decidere se accettare una delle offerte presenti, effettuando una puntata, oppure selezionare l'evento, l'importo ed il tasso di vincita. Betfair si occupa di abbinare le offerte con pronostici opposti.

---

117 P2P o Person to Person, indica un sistema a livello interpersonale di comunicazione o di creazione di valore.

5.3 Condividere

Le risorse che possediamo sono utilizzate, di norma, in minima parte. Si pensi, ad esempio, a quanti giorni lasciamo la bicicletta in garage, a quante volte abbiamo visto un video acquistato, al tempo in cui rimangono chiusi i nostri libri, al tempo in cui rimane spento il nostro computer e a molte altre cose inutilizzate di cui disponiamo.

La condivisione con altri ci permetterebbe invece di ridurre il costo di utilizzo, e di perseguire obiettivi altrimenti non raggiungibili.

Tutto ciò che è replicabile gratuitamente può eliminare solo l'esclusività della proprietà. Ma a volte, aver visto uno stesso video o sentito uno stesso audio ci dà modo di discuterne con gli amici. Gnutella, Kaza e eDonkey permettono la condivisione dei nostri file digitali con altri utilizzatori dei servizi. Flickr la condivisione di miliardi di foto. La condivisione, in questo caso, va oltre la semplice messa a disposizione della foto, dato che un numero così elevato di immagini permette di essere sicuri di trovarne una su qualsiasi tema e dunque di soddisfare il bisogno.

Per evitare di lasciare parcheggiata una macchina per tempi lunghi e diminuire il traffico, è stato ideato il "Car Sharing". Il servizio dà il diritto all'utilizzo della macchina parcheggiata più vicina per il tempo a noi necessario, lasciandola ad altri successivamente. In Italia è stato sperimentato il servizio Guidami, che diverrà veramente utile solo se sarà raggiunta una massa critica, come è successo a Copenhagen con le biciclette.

Il progetto Seti@Home mette a fattor comune la capacità di elaborazione dei computer delle persone che partecipano all'iniziativa. Il computer è utilizzato da un sistema remoto, quando non è impiegato dal proprietario e viene attivato lo screen saver. L'iniziativa ha permesso di avere un super-computer virtuale, in grado di analizzare tutti i segnali che ci giungono dall'universo e di interpretarli.

Anche la banda che ci collega ad Internet è utilizzata di rado completamente. La società spagnola Fon offre un servizio che permette di condividere il proprio collegamento in wifi. Gli utilizzatori possono accedere gratuitamente alla linea di altri "foneros", i clienti del servizio, in giro per il mondo ed ai punti di accesso disposti in punti pubblici. Tutti i non aderenti al servizio possono comunque connettersi alla rete wifi a pagamento.

Il sistema della televisione p2p si basa sul concetto di condivisione della banda. Il problema della televisione on line è il costo di banda, per questo molti hanno limitato la qualità, o ristretto l'accesso a determinate persone e quasi mai sono visibili canali in diretta. Il costo della banda necessaria a trasmettere una trasmissione televisiva va oltre qualunque modello di ricavi oggi sostenibile. Per questo, sono i sistemi televisivi p2p come Coolstreaming e Pplive che permettono di vedere canali in diretta in tutto il mondo. Il segnale viene acquisito da altre persone che stanno guardando lo stesso contenuto. Il primo che emette il segnale non deve inviarlo a tutti coloro che lo richiedono. Chi vede il filmato, infatti, diventa esso stesso emettitore del segnale, perpetuandolo. Il sistema ha un ulteriore vantaggio: più persone sono collegate, migliore sarà la qualità del segnale ricevuto.

Un'altra risorsa che sta diventando insostenibile, dal punto di vista del prezzo, è l'energia, anche se oggi possiamo produrre elettricità con pannelli solari, pale eoliche, o turbine idriche. Un problema è la capacità di immagazzinamento dell'energia prodotta, di conseguenza se si posseggono sistemi di creazione di energia indipendenti, ci si può trovare in certi momenti della giornata, ad esempio di notte, a disporre di più energia del necessario. Tuttavia, altri possono avere esigenze opposte, come ad esempio le fabbriche aperte di notte. Per questo, sono nati sistemi di condivisione dell'energia. In Italia, è possibile rivendere l'eccesso di energia direttamente all'Enel. In Germania, un'intera cittadina, Gelsenkirchen, si è resa indipendente dal sistema energetico nazionale, tramite un sistema di creazione locale dell'energia e di condivisione di quella inutilizzata.

Per creare e diffondere la nostra conoscenza, è necessario tempo per ricercare le informazioni, organizzarle e aggregarle. Il tempo e il costo necessari a renderla disponibile ci impedisce spesso di farlo.

L'ideazione di sistemi che mettono a disposizione la conoscenza di altri, in seguito ad un loro semplice utilizzo, permette di ovviare a questo problema.

Nel settore dei motori, di ricerca Eurekster consente di accedere alla conoscenza a livello di gruppi; con questo servizio, gli utenti possono contribuire a migliorare le ricerche, promuovendo alcuni risultati rispetto ad altri. Più il nostro gruppo di amici sceglierà un certo risultato di una data ricerca e più in alto apparirà nella lista.

5.4 Costruire

Internet permette di creare strumenti in grado di aggregare gruppi di persone con interessi simili.

Yahoo! è stato uno dei più grossi successi di Internet. Ha risolto il problema, cruciale, di sapere quali siti esistessero per determinati servizi. La lista organizzata inizialmente dai fondatori e condivisa con gli amici si trasformò in un servizio mondiale, con milioni di siti indicizzati. Il servizio di indicizzazione era però svolto solo dal personale di Yahoo!, che spesso non riusciva a gestire le nuove segnalazioni. Dmoz, un servizio no profit, ha superato Yahoo! in termini di qualità e quantità dei contenuti. Dmoz è un contenitore di siti indicizzati secondo lo stesso principio di Yahoo!, ma con la differenza che è gestito da volontari, per l'indicizzazione ed il controllo dell'informazione. La distribuzione del lavoro gratuito ha permesso a Dmoz di diventare la principale fonte di informazione anche di motori di ricerca come Google. L'evoluzione dell'indicizzazione si è quindi spostata dai siti indicizzati dalle directory, alle pagine classificate dagli algoritmi dei motori di ricerca come Google, ai singoli contenuti come foto, frasi famose e poesie contenuti all'interno di pagine. La classificazione di questa enorme mole di informazioni sarebbe impossibile, senza il contributo degli utenti. Flickr, acquistata nel 2005 da Yahoo!, è un servizio che raccoglie oltre 3-5 milioni di foto al giorno, per un totale di oltre due miliardi foto[118]. L'ottanta per cento di queste foto è accessibile a chiunque. L'enorme numero di foto non può essere classificabile da personale Flickr, per motivi di costi e di tempi. Per questo, sono i milioni di persone che visitano ogni giorno il servizio ad assegnare le categorie. Questo concetto è stato denominato

118 Al novembre 2007, http://www.techcrunch.com/2007/11/13/2-billion-photos-on-flickr/

folksonomy, la tassonomia delle persone.

L'utilizzo delle informazioni e l'aiuto dei clienti per migliorare il servizio non sono nuovi, come dimostra lo strumento del sondaggio. Tuttavia, è l'utilizzo di queste informazioni per sviluppare il proprio servizio, la vera innovazione. Zagat.com raccoglie, tramite sondaggi on line sui ristoranti, le ultime tendenze ed impressioni, per poi utilizzarle come contenuto di una pubblicazione[119] (best seller negli Stati Uniti), arricchita dai commenti degli esperti.

Su Internet, si stanno diffondendo i wiki: siti dove è aggregata conoscenza, inserita e organizzata da parte dei lettori. L'esempio più famoso è Wikipedia, l'enciclopedia più vasta oggi esistente. Chiunque può aggiornare in tempo reale le informazioni su ogni argomento presente sul sito.

Wikipedia nata il 15 gennaio del 2001 è l'enciclopedia più ricca esistente al mondo, con dodici milioni di voci, in oltre 250 lingue[120].

L'affidabilità delle informazioni contenute è garantita dai milioni di persone che le leggono e che possono modificarle e non più da un comitato scientifico, come per le enciclopedie tradizionali.

La creazione congiunta di conoscenza può essere indirizzata anche al piacere, come per Jumpcut, che permette di condividere video e di mixarli con gli altri video presenti sul sito.

---

119 La guida ai ristoranti "Zagat", http://www.zagat.com

120 Dati ad fine 2008, per i dati aggiornati si veda: http://meta.wikimedia.org/wiki/List_of_Wikipedias

6. ORGANIZZAZIONE E SOCIAL NETWORK

6.1 Introduzione

"Libertà è partecipazione" – *Giorgio Gaber*

Un'organizzazione distribuita è indispensabile per coordinare un numero elevato di individui. Se una sola persona dovesse ordinare a uno stadio intero di alzarsi ed abbassarsi, per formare un effetto onda, gli ordini da impartire sarebbero troppi. Tuttavia, gli spettatori riescono a creare un tale effetto, senza che nessuno li guidi. È sufficiente che qualche decina di tifosi dia il via, perché si formi un'onda umana che gira ad una velocità di 12 metri al secondo. L'onda attraversa 22 seggiole al secondo, con circa 15 persone in piedi alla volta sola in lunghezza. Lo straordinario effetto si crea con una semplice regola, applicata a livello del singolo spettatore: quando il vicino si alza ci si deve alzare, quando si abbassa bisogna rimettersi seduti. Questo fenomeno è apparso per caso nel 1981, allo stadio di baseball Oakland Coliseum in California, ma guadagnò la sua diffusione planetaria durante i mondiali di calcio del 1986, in Messico. Non a caso, è denominata "la ola", ovvero "l'onda" in spagnolo.[121]
Il concetto di organizzazione lasciata all'iniziativa del singolo è applicabile anche alle aziende. Le organizzazioni sono tali se hanno un obiettivo. L'obiettivo, infatti, permette di determinare il compito dell'azione comune e le attività che uniscono i diversi individui. Nelle organizzazioni tradizionali, l'obiettivo è stabilito dai vertici, mentre le decisioni operative vengono veicolate verso il basso dell'organizzazione.
Nonostante organigrammi e disposizioni, le aziende tendono a formare

---

121 Per un approfondimento e simulazione delle ole: http://angel.elte.hu/wave/index.cgi?m=background

organizzazioni parallele. In natura, spesso, la gestione centralizzata non è necessaria. Molti animali si organizzano in autonomia, senza nessuno in posizione di comando, come le formiche alla ricerca del cibo, o gli stormi di uccelli migratori in volo, in formazione per tagliare il vento.

Le teorie organizzative si sono spesso focalizzate sul rapporto tra la struttura e il singolo. Oggi, si sta rivalutando il ruolo del singolo individuo e del suo rapporto con gli altri. Se la persona persegue obiettivi comuni, essa stessa può decidere la migliore azione, in un certo contesto.

Questo tipo di organizzazione è indirizzabile, ma non controllabile. È necessario che gli obiettivi da perseguire siano conosciuti e condivisi tra tutti e che i rapporti tra le persone siano facilitati, per creare conoscenza e attivare azioni condivise.

La Teoria delle Reti permette di identificare le strutture informali delle organizzazioni e di prevederne l'evoluzione, ma anche di progettarle in funzione di nuovi obiettivi.

6.2 Auto-organizzazione

Quando un sistema aumenta la sua complessità senza essere guidato da una fonte esterna, tende ad organizzarsi da solo nel tempo. In questo caso, le organizzazioni funzionano attraverso le interazioni tra singoli elementi e tra questi ed il contesto.

I micro-comportamenti degli individui e le loro interazioni creano l'organizzazione. Le formiche rilasciano feromoni, per indicare alle altre la via da seguire. I grilli sincronizzano il loro canto, ascoltandosi a vicenda. In autostrada, in presenza di una coda improvvisa, vengono inserite le quattro frecce, per avvertire le macchine che sopraggiungono del pericolo.

I comportamenti individuali permettono di creare un'auto-organizzazione[122], finalizzata ad un obiettivo di interesse generale come identificare fonti di cibo e evitare incidenti.

I fenomeni di auto-organizzazione sono spesso presenti nei gruppi di animali sociali, come gli uccelli migratori, che si dispongono in modo da tagliare il vento e alternandosi per le posizioni più faticose.

L'auto-organizzazione si basa su principi di feedback positivi e negativi, che indirizzano il comportamento. Se una formica segue le tracce lasciate da altre formiche, ha una risposta positiva al suo comportamento quando trova il cibo. Se non vengono accese le quattro frecce, dopo una brusca frenata in autostrada, si rischia un incidente. È singolare che questo comportamento, pochi anni fa, non fosse praticato e tutt'oggi si vede quasi solo nelle autostrade europee, senza che nessun codice della strada lo abbia previsto; anzi, in alcuni casi, come in quello britannico,

---

122 Il termine "auto-organizzazione" (self organization) venne introdotto nel 1947 dallo psichiatra e ingegnere Ross Ashby.

si è cercato di dissuadere gli automobilisti dall'accendere le frecce. Il comportamento si è diffuso rapidamente, a partire probabilmente da un codice di comunicazione dei camionisti, proprio perché l'interesse generale coincideva con quello di ciascun automobilista. G,li elementi auto-organizzativi possono nascere da un'evoluzione, sia essa biologica, o culturale. Le formiche sono già oltre le quattro frecce: sulle loro autostrade, le lunghe colonne di formiche non possono rischiare di fermarsi, per cui danno indicazione alla successiva della propria velocità con il proprio odore e se la successiva percepisce che la velocità è troppo lenta, inizia a creare una nuova corsia parallela. È come se sul retro delle macchine fossero applicati dei segnalatori di velocità, così da far adeguare chi sopraggiunge alla nuova velocità, Un comportamento simile di auto-organizzazione è quello delle folle nelle grandi vie cittadine e nelle metropolitane, dove gruppi di persone si muovono alla stessa velocità in una stessa direzione, avendo solo l'informazione sul movimento delle persone che le precedono.

Una ulteriore caratteristica di queste interazioni è la biunivocità: se gli individui possono anche dare informazioni e feedback oltre che riceverli, il sistema cresce ed evolve. Uno dei motivi della parziale evoluzione di Internet è la unidirezionalità dei suoi collegamenti: un quarto del web non è infatti raggiungibile attraverso i link ed è invisibile a chiunque non disponga degli indirizzi diretti. La mancata bidirezionalità ha limitato i contenuti di Internet che, fino all'arrivo dei software sociali, sono rimasti statici. L'introduzione di strumenti come i wiki ed i blog con i trackback (creazione automatica di link verso altri blog che trattano lo tesso argomento, per creare la bidirezionalità dei link) ha accelerato l'evoluzione della Rete. Un elemento essenziale è la reiterazione nel tempo, che permette alle informazioni che derivano dai processi di feedback di incidere sull'organizzazione: nel tempo, aumenta l'ordine del sistema[123]. Uno strano fenomeno di auto-organizzazione è l'applauso a teatro che si sincronizza all'unisono.

L'evoluzione è una conseguenza della reiterazione nel tempo di alcune condotte. Anche l'addestramento delle formiche non dipende dalla regina, ma dall'evoluzione che forma i comportamenti del formicaio. A fare la differenza con le organizzazioni classiche è la progettazione decentralizzata del sistema e non essendoci nessuno in comando, il formicaio risulta meno vulnerabile perchè può adattarsi in modo continuo al contesto. Seguendo regole a livello individuale, la colonia, infatti, genera dei comportamenti che portano ad un'organizzazione complessiva. Ad esempio, se si guarda un formicaio, si può notare che il cimitero si trova nel punto più lontano dalla colonia, così come il punto di raccolta della spazzatura è situato nel punto più lontano sia dalla colonia, sia dal cimitero. I formicai rappresentano il miglior esempio di auto-organizzazione. Le formiche seguono una serie di regole applicate al singolo, attraverso le quali si determina una struttura molto organizzata, ma non centralizzata. Ogni formica reagisce al contesto, allo spazio in cui si muove e alle altre formiche. Le formiche, quando incontrano cibo, larve, aggressori o spazzatura, reagiscono in modo diverso. Ad esempio, se incontrano del cibo, lo riportano al formicaio e lasciano una scia chimica per indirizzare le altre formiche: così facendo, modificano a loro volta il contesto. Le formiche reagiscono anche agli incontri fra loro. Se incontrano più di 10 formiche che eliminano la spazzatura, cambiano la loro funzione e smettono di fare le spazzine.

L'organizzazione emerge da sola nei casi in cui ci sia libertà del singolo di decidere. La disposizione dei negozi all'interno di una città, nel caso in

---

123 Una rete è ordinata quando i processi di feedback sono sempre positivi

cui non siano regolamentati gli spazi, tende a rispondere ad un disegno preciso di aggregazione per gruppi eterogenei. Paul Krugman[124] capì che i raggruppamenti derivano dai comportamenti dei singoli negozianti. Nel suo esperimento, determinò che ogni negozio voleva essere vicino ad altri negozi, per attirare la gente di passaggio, ma senza averne molti vicino, per evitare la concorrenza. Ogni negozio aveva la libertà di disporsi nel territorio e cambiare la propria posizione. Il risultato delle sue simulazioni fu che i negozi si organizzavano in nuclei commerciali separati, come accade nel mondo reale, dimostrando che sono le regole che seguono i singoli negozi che creano l'organizzazione. Lo stesso tipo di esperimento è stato condotto sugli uccelli migratori, per capire se sono sufficienti comportamenti individuali per ottenere un volo in formazione. Craig Reynolds, un programmatore, simulò il volo degli uccelli con un'applicazione software su pc. A tutti gli uccelli diede regole di comportamento uguali, seguendo quattro obiettivi: dirigersi verso la destinazione media degli altri uccelli; evitare l'affollamento, volando separati; andare alla stessa velocità degli altri; evitare gli ostacoli. Dopo averli disposti in modo randomico, gli uccelli virtuali si disponevano in formazione, come avviene in natura per uno stormo di uccelli migratori.

---

124 Professore di economia presso la Princeton University, http://cscs.umich.edu/~crshalizi/reviews/self-organizing-economy/

6.3 Proprietà emergenti

Quando si uniscono molti elementi tra loro, ad un certo punto cambiano le caratteristiche proprie del gruppo, assenti nei singoli. Unendo fra loro i componenti dello zucchero, emerge il sapore dolce. Facendo vivere nello stesso posto milioni di persone, si formano le metropoli, con caratteristiche molto diverse da paesi e villaggi. Unendo tra loro i neuroni, emerge la coscienza di cui il singolo neurone non è dotato.

In un preciso momento, si attraversa una transizione di fase, come l'acqua, che ad un tratto diventa ghiaccio, o i fiori di campo che d'improvviso fioriscono. Nelle organizzazioni, l'aumento lineare del numero di componenti può produrre un aumento non lineare del valore e delle caratteristiche di quel sistema, impensabili se non per esperienza.

Aumentando il numero di membri di un gruppo, le possibili relazioni fra loro aumentano esponenzialmente, permettendo nuovi modi di interazione difficili da predire. Con sole 20 particelle, il numero di interazioni possibili è difficile da calcolare persino con un computer.

Alla comparsa delle caratteristiche emergenti, il sistema inizia ad acquisire una sua identità e ad influenzare i suoi componenti. Le singole parti, tuttavia, non rivelano da sole il disegno complessivo.

È necessario che i componenti siano in numero elevato (all'inizio, il sistema di raccomandazione di Amazon era inefficace, perché non aveva abbastanza informazioni, poi è diventato utile quasi improvvisamente), che si incontrino casualmente e non abbiano consapevolezza delle caratteristiche del sistema nel suo complesso. Una formica non deve sapere come funziona il formicaio, altrimenti, tutte le formiche ambirebbero a ricoprire i ruoli migliori e meno faticosi, creando un problema di coordinamento.

Le informazioni sulle interazioni locali permettono di comprendere un sistema emergente e, se possibile, di modificarlo. Ad esempio, sapere che le formiche cambiano il loro lavoro se incontrano un certo numero di altre formiche che svolgono lo stesso compito, ci permette di comprendere le decisioni. Sapere che l'uomo può gestire le relazioni di gruppo, su base interpersonale, fino ad un massimo di 150 individui, consente di programmare l'organizzazione. Se si vuole interagire con i fenomeni emergenti, si devono conoscere le relazioni delle singole componenti ed i motivi che portano al cambiamento di stato[125].

---

125 Cambiamento di stato: transizione di una sostanza da uno stato di aggregazione a un altro, Encarta 2008, http://it.encarta.msn.com/encyclopedia_981534686/Cambiamento_di_stato.html

6.4 Creazione dell'auto-organizzazione e delle proprietà emergenti

I fenomeni di auto-organizzazione e le proprietà emergenti[126] possono essere progettati o indirizzati verso un obiettivo, fornendo loro un contesto e regole di interazione.

A Washington, negli anni '70, c'era un problema di traffico. Tutte le vie di accesso alla città erano intasate, mattina e sera, dai pendolari che spesso si mettevano in macchina da soli.

Per limitare il traffico, nel 1973, il governo americano riservò una corsia dell'Highway 95, che collegava i sobborghi in Virginia al centro di Washington, solo per le macchine con più di tre persone a bordo. I pendolari si organizzarono con punti di incontro all'entrata della super-strada. La sera, i ritrovi si formavano nei punti nevralgici della città. Riuscire a essere in tre in macchina permetteva di risparmiare fino a quaranta minuti al giorno. Nacque così il fenomeno dello slugging[127]. Le regole di comportamento imposte all'interno della macchina, come il divieto di fumo, o di affrontare argomenti controversi durante il viaggio, emersero da sole, applicate da tutti.

Nello slugging, sono presenti tutte le caratteristiche di base dell'auto-organizzazione: il feedback positivo (risparmiare 40 minuti di viaggio al giorno), quello negativo (le multe o i ritardi, nel caso si viaggi da soli) e la reiterazione (viaggi giornalieri).

Le "formiche digitali" sono state l'esperimento di auto-organizzazione più

---

126 Le proprietà emergenti appaiono all'improvviso nel momento in cui il sistema raggiunge una certa massa critica.

127 Il termine slugging deriva dal gergo degli autisti dei pulman che dovevano capire se le persone alla fermata erano passeggeri autentici o "slugs". Il termine "slugs" è infatti utilizzato per indicare le monete false introdotte nelle macchine erogatrici dei biglietti del pullman.

famoso. La "formica digitale", progettata da Christopher Langton[128] negli anni '80, si muove su una scacchiera di un passo alla volta, cambiando il colore di ogni casella su cui passa. Se transita su una casella nera, gira a destra nel passo successivo, se bianca a sinistra. Dopo diecimila mosse, la formica inizia a creare un'autostrada diagonale che le permette di uscire dalla scacchiera[129]. Da un sistema disordinato, tramite la ripetizione di una regola locale specifica, appare un ordine: una strada diritta.

Jefferson e Taylor simularono[130] l'evoluzione dei comportamenti delle formiche attraverso un obiettivo: seguire un percorso predefinito, con poche informazioni locali.

Le formiche acquisivano un punteggio in funzione del numero di caselle percorse ed il punteggio stabiliva chi poteva riprodursi. Nella riproduzione, si univano i comportamenti di due formiche per formarne una nuova. Ogni formica poteva camminare sempre diritto, svoltare a destra e poi diritto, o analizzare le caselle circostanti per capire se erano del percorso. Le formiche iniziali erano seimila, con strategie di percorso diverse. All'interno di questa applicazione, le formiche si adattavano al loro ambiente, evolvendo per essere più adatte a seguire il percorso disegnato di volta in volta. Si riuscì a dimostrare che l'evoluzione può modificare i comportamenti locali, che portano al raggiungimento di obiettivi globali.

Il concetto di auto-organizzazione è stato reso noto al grande pubblico nei primi anni novanta con SimCity, uno dei videogiochi più di successo dell'epoca. Tramite regole di comportamento generali, i singoli attori della città interagivano fra loro e la facevano evolvere.

SimCity è stato il primo programma di generazione di sistemi auto-organizzati.

128 Christopher Langton: biologo e uno dei fondatori del concetto di vita artificiale.

129 Per vedere una simulazione: www.math.umd.edu/~wphooper/ant/applet.html

130 In un'applicazione denominata Tracker

Il sistema di auto-organizzazione è stato impiegato spesso in contesti cittadini. Oliver Selfridge[131] ha ideato un sistema per minimizzare i tempi di attesa delle macchine mettendo a fattor comune tutte le informazioni su traffico, incidenti e lunghezza delle code di una città. I semafori cittadini si adattano al contesto e modificano i tempi di attesa, in funzione del traffico.

Un sistema simile è stato sperimentato dalla General Motors per ottimizzare la pittura dei camion. Il sistema di pittura era basato su diversi impianti per i quali era prestabilito l'ordine dei pezzi da verniciare. I macchinari erano però soggetti a riparazioni e manutenzioni, bloccando così il processo di pittura prestabilito e richiedendo un intervento umano per decidere se e come verniciare i pezzi. Nel 1992 la General Motors sperimentò un sistema che potesse decidere autonomamente gli elementi da verniciare. Ogni macchinario per la verniciatura poteva fare un'offerta per ogni pezzo da verniciare. L'offerta era più alta nel caso in cui il colore fosse lo stesso, per evitare di sprecare vernice, e quando ci fossero in assenza di altri lavori in corso, per ottimizzare i tempi di lavorazione. Ogni macchinario aveva quindi obiettivi locali su cui basare le scelte sui pezzi da pitturare. L'impatto fu enorme, i cambiamenti di vernice dei macchinari calarono del 50% e di conseguenza la manutenzione richiesta sulle macchine si ridusse. Per ogni stabilimento, il risparmio, in sola vernice, arrivò a un milione di dollari. Anche le linee di codice di programmazione, per controllare l'intero sistema, scesero drasticamente. La cosa non piacque agli ingegneri il che non sapevano a priori il processo che avrebbero seguito i diversi elementi per la pittura. Si abbandonava di fatto il controllo del processo, mantenendo solo quello dell'obiettivo.

Non è quindi possibile progettare in dettaglio un sistema complesso, ma si può indirizzare un obiettivo, definendo regole a livello locale.

---

131 Ricercatore del MIT specializzato in sistemi auto-migliorativi.

6.5 Le reti delle organizzazioni

Le reti si formano nelle organizzazioni in modo diverso in funzione del tipo di nodi, come, ad esempio, le persone, la conoscenza e gli eventi. Molto spesso, queste reti sono invisibili ad un occhio esterno e tendono a organizzarsi secondo principi locali. La loro individuazione e rappresentazione permette di identificarne le inefficienze e le vulnerabilità.

	Persone	"Conoscenza/ Risorse"	Eventi/Task
Persone	"Social Network Chi parla con chi, lavora con, riporta a"	"Rete di conoscenza (Knowledge Network) Chi sa cosa, ha quali capacità o skill"	"Rete di incarichi (Attendance Network) Chi ha accesso o sarà presente a determinati eventi"
Conoscenza/Risorse		"Rete Informativa (Information Network) Connessioni tra tipi di conoscenza, modelli mentali"	"Rete dei Bisogni (Needs Network) Che tipo di conoscenza è necessaria per utilizzare quella risorsa"
Eventi/Task			"Precedenze e dipendenze (Temporal Ordering) Quali task sono collegati a quali altri"

Fonte: K. Carley, Carnegy Mellon University[132]

La rete delle persone è detta Social Network. Questa rete indica quali sono le relazioni di comunicazione, di lavoro e di autorità tra le persone. Tra gli individui e la conoscenza si viene a formare la Rete di Conoscenza

---

132 http://darwin.nap.edu/openbook/0309089522/html/133.html

(Knowledge Network), che evidenzia le persone "esperte" di specifiche tematiche e con particolari conoscenze. Se si incrociano le persone con i task, si ottiene la Rete degli Incarichi (Attendance Network), che identifica chi partecipa a determinati eventi, o chi svolge specifici incarichi. La rete delle persone più immediata è quella che le relaziona con le organizzazioni, mappata dalla Rete di Appartenenza (Membership Network). L'appartenenza di persone a più organizzazioni comporta un legame indiretto tra organizzazioni differenti, come nel caso in cui un amministratore sieda in più consigli d'amministrazione.

Esiste un secondo gruppo di reti che non coinvolge le persone, come la rete delle risorse informative, che permette di visualizzare le connessioni tra diversi tipi di conoscenza ed i modelli mentali utilizzati per metterli in relazione. Unendo queste risorse ai task, si identifica la Rete dei Bisogni (Needs Network), che permette di conoscere le risorse necessarie per portare a termine i diversi compiti, valutando possibili conflitti; come la rete dei task permette di valutare le precedenze e le dipendenze dei diversi eventi, in funzione dell'ordine temporale.

A questi collegamenti è possibile applicare concetti e strumenti di analisi delle reti. La gestione dell'auto-organizzazione, e quindi l'identificazione della mappa delle relazioni, è tanto più importante, quanto il contesto è dinamico e si richiede un adattamento continuo delle reti per massimizzare l'efficienza.

6.6 Le leggi della Teoria delle Reti e le organizzazioni

I sistemi complessi si comportano in modo simile tra loro. La Teoria delle Reti può essere applicata allo studio di diverse organizzazioni.

L'aggregazione è preferenziale. I ricchi diventano più ricchi.

Le persone tendono a creare collegamenti verso altre persone con numerosi collegamenti, per poter sfruttare la loro posizione nella rete. Le persone con molti collegamenti tendono ad aumentare velocemente il numero dei loro collegamenti. Questa legge genera effetti indotti come la "creazione di competenza": se sempre più gente si rivolge ad una persona per una certa tematica, questa verrà considerata ancora più esperta, anche se lo era già prima, e dunque aumenteranno le persone che vorranno contattarla, per avere le informazioni ricercate.

Le reti di persone si auto-organizzano. Gli organigrammi sono (quasi) sempre falsi.

Gli organigrammi e la disposizione in uffici delle persone permettono di definire una rete di relazioni all'interno di un'organizzazione. Le persone si relazionano tra loro anche per affinità, necessità aziendali o personali. Per questo, la rete di relazioni all'interno di un'azienda spesso non coincide con quella disegnata a priori. L'unico strumento di cui un'autorità centrale dispone per indirizzare gli obiettivi dei singoli è l'auto-organizzazione, promossa da alcune aziende attraverso l'indirizzo di comportamenti individuali.

Le organizzazioni evolvono, auto-migliorandosi, se hanno degli obiettivi. Sono gli obiettivi a muovere il cambiamento.

Se un'organizzazione ha una responsabilità d'azione diffusa con obiettivi comuni, questa tenderà a mutare nella direzione dell'obiettivo. A questo proposito, sono stati elaborati dei sistemi per indirizzare gli obiettivi aziendali in modo diffuso, per esempio con le certificazioni dei processi aziendali, come l'EFQM[133] ed il TQM[134]. La dichiarazione esplicita degli obiettivi è infatti essenziale per l'auto-organizzazione.

La struttura delle reti informali non è casuale. Le organizzazioni sono dei piccoli mondi.

In tutte le organizzazioni nascono delle reti di relazioni informali tra le persone. Queste reti seguono spesso le leggi di potenza, favorendo la creazione di "piccoli mondi". Ogni persona, all'interno di un'organizzazione, può quindi contattare gli altri, tramite la sua rete di contatti informali.

I legami possono essere deboli o forti. Quelli deboli sono i più importanti.

I legami tra le persone hanno pesi diversi e la loro forza dipende dalla frequenza e dalla vicinanza. I legami più deboli sono quelli più utili per accedere a nuove informazioni.

I buchi strutturali possono essere una criticità. La stretta gerarchia è indice di vulnerabilità.

La presenza di persone che uniscono due gruppi distinti all'interno di

133 Modello per la qualità dei processi aziendali, http://it.wikipedia.org/wiki/EFQM

134 Strategia di management per promuovere la qualità in azienda, http://en.wikipedia.org/wiki/Total_Quality_Management

un'organizzazione, tramite le loro conoscenze dirette, è un fenomeno di criticità organizzativa. La scomparsa di queste persone genera, infatti, una rottura del sistema di relazioni all'interno dell'organizzazione. Per dare stabilità ad un'organizzazione, è necessario individuarle e fare in modo che anche altri sviluppino legami in grado di unire i due gruppi.

Le reti hanno proprietà emergenti. Un'organizzazione che cresce muta la sua natura.

Al loro crescere, le organizzazioni, acquisiscono una identità specifica, che si manifesta in proprietà emergenti. I branchi di lupi con più di 6 o 7 esemplari tendono a dividersi in più gruppi perchè l'organizzazione diventa troppo complessa per essere gestita con gli strumenti di comunicazione del lupo.

6.7 Analisi di Social Network di una organizzazione

La Teoria delle Reti permette di valutare diversi aspetti di una organizzazione. Possono essere identificate le mappe di scambio della conoscenza, dei flussi decisionali e dei flussi informativi. Le tecniche di Social Network sono impiegate anche per progettare l'organizzazione o analizzare fusioni tra aziende, in seguito ad acquisizioni o accorpamenti. Se si identificano dei colli di bottiglia nei flussi informativi, ovvero problemi di comunicazione tra persone nell'organizzazione, è possibile agire creando nuovi collegamenti, o cambiando quelli esistenti.

Le comunicazioni all'interno di un'organizzazione seguono percorsi specifici, in funzione della loro natura.

La comunicazione informativa veicola tutte le informazioni necessarie a far conoscere l'impresa, mentre quella funzionale comprende i messaggi più operativi, necessari a supportare i processi organizzativi e decisionali. La comunicazione formativa consiste nella trasmissione della cultura nell'organizzazione. La comunicazione organizzativa prevede una pluralità di emittenti, l'alternanza dei ruoli tra emittente e ricevente e la combinazione di conoscenze esplicite[135] e tacite.[136]

I messaggi politici sono le strategie e le indicazioni dei comportamenti che l'organizzazione si aspetta dai propri membri. I messaggi di base riguardano le comunicazioni interne di ogni tipo (ordini di servizio, comunicazioni affisse nella bacheca ecc.) Infine, i messaggi di immagine riguardano le informazioni sullo stile dell'organizzazione e il rapporto

---

135 Informazioni formalizzate in un documento

136 Informazioni trasmesse solo verbalmente

dell'organizzazione con l'ambiente (logo, sponsorizzazioni ecc.).

Ogni tipo di comunicazione e di messaggio segue percorsi specifici, che possono essere rappresentati con una mappa dei flussi.

La Mappa della Conoscenza permette di affrontare il tema del Knowledge Management in modo strutturato. Tutte le organizzazioni di successo hanno compreso che la conoscenza e la formazione deve raggiungere tutte le parti dell'organizzazione. Quando, all'interno di questa, si crea conoscenza, scorre lungo i percorsi già presenti. Per capire il flusso della conoscenza, è necessario trovare questi percorsi, rafforzarli e assicurarsi che raggiungano tutta l'organizzazione.

La conoscenza non è statica: viene creata di continuo da tutti. Per questo, si sono sviluppati strumenti per crearla, oltre che condividerla, come i blog ed i wiki. I blog aziendali permettono uno scambio di opinioni con il vertice o con i detentori di competenze specifiche, dove le persone chiave possono ricevere contributi da tutta l'organizzazione sui singoli temi proposti. I wiki sono piattaforme software per la creazione di conoscenza strutturata, redatta in modo distribuito tra tutti coloro che vogliono contribuire. Un esempio di successo è socialtext.com, una piattaforma di conoscenza aperta a modifiche da parte di tutti i lettori. Ogni persona dell'azienda può contribuire continuamente alla conoscenza aziendale e modificare o integrare i testi scritti da altri. Questi strumenti permettono la costituzione di nuovi gruppi di lavoro, anche a distanza, con l'obiettivo comune di costruire conoscenza.

La ristrutturazione organizzativa di molte società può dipendere dalle relazioni e dagli scambi di conoscenza. La gestione dei processi operativi ed informativi on line tramite le intranet, le reti interne alle aziende, imprime un cambiamento nella cultura aziendale, mettendo in discussione il sistema di gerarchie e abitudini consolidate. Le intranet sono uno dei riferimenti della ristrutturazione organizzativa interna, con funzione di coordinamento e di creazione di valore.

Il capitale relazionale è un valore aziendale spesso sottovalutato. Le conoscenze dei dipendenti di un'azienda possono essere vitali per lo sviluppo della sua attività. Per gestire questo tipo di conoscenza in modo dinamico, sono stati sviluppati applicativi come Contactnetworks.com, che prevede la possibilità di identificare le persone attraverso cui contattare potenziali clienti, partner o fornitori, basandosi sul fatto che la conoscenza pregressa tra due persone può facilitare l'incontro. Maxager, una società di servizi software, ha incrementato il proprio database di clienti potenziali del 14%, grazie al capitale relazionale dei propri dipendenti, dimostrando l'importanza delle conoscenze delle persone all'interno di un'azienda.

6.8 Esempi di analisi inter organizzative

Le reti inter-organizzative possono essere studiate per diversi aspetti.
Uno di questi è la presenza di una stessa persona in due consigli
d'amministrazione.
Il fenomeno che viene evidenziato è l'interlocking directorate, l'incrocio
amministrativo. La semplice presenza fa sí che le decisioni delle diverse
aziende amministrate da una stessa persona seguano politiche integrate.
La commistione di interessi è discutibile nel caso in cui le aziende siano
in concorrenza fra loro, o siano inserite all'interno di un rapporto cliente-
fornitore. In ogni caso, per aziende quotate in borsa, la proprietà diffusa
delle società richiederebbe amministrazioni distinte, a tutela dei piccoli
investitori che potrebbero vedere il valore azionario spostato da un'azienda
ad un' altra.
In tutto il mondo, la materia è d'attualità, regolamentata in alcuni casi e
lasciata ad un codice etico in altri.
La rete degli amministratori "potenti" (presenti in più di un consiglio
d'amministrazione) che si viene a formare con questo sistema di controllo
è pervasiva. In Italia, in particolare, è possibile vedere come interi settori,
come quello delle acque, siano "integrati" dal punto di vista della gestione.
Delle circa 270 aziende presenti in borsa, oltre 220 sono legate fra loro,
per mezzo di amministratori in comune. Circa 100 di queste sono legate in
un solo grande gruppo di relazioni.
La possibilità di visualizzare una mappa nel suo insieme permette di capire
l'effettivo controllo aziendale attuato tramite gli amministratori. A questo
scopo, è stata realizzata la Mappa del Potere[137], un software che permette

---

137 http://mappadelpotere.casaleggio.it

di vedere la rete di controllo delle aziende quotate in borsa in Italia.

All'interno delle aziende, è possibile disegnare le mappe di relazione, monitorando gli strumenti di comunicazione, come la posta elettronica, le telefonate, sistemi di instant messanger o l'accesso a risorse specifiche. La mappa aziendale permette di identificare le persone critiche all'interno di un'azienda, i gruppi che richiedono maggiore integrazione e l'attuale livello di comunicazione nei diversi gruppi di lavoro. La criticità di una persona può essere, per esempio, dovuta al fatto che tutti la contattano per accedere ad altre persone, costringendola a impiegare troppa parte del suo tempo a smistare le comunicazioni. Il disegno delle mappe di relazione aziendale permette di identificare i colli di bottiglia e l'evoluzione dell'azienda.

7. CONCLUSIONI

7.1 La Rete: quinta dimensione

Le reti sono una nuova dimensione con cui osservare il mondo. Una realtà in apparenza complessa e imprevedibile acquista un significato e gli oggetti e le persone sono valutabili per il contesto e per le relazioni. I sistemi complessi rispondono a regole precise e all'interno si ritrovano sempre gli stessi tipi di attori, che siano hub, ambasciatori o buchi strutturali. Ognuno ha il suo ruolo in rete nel mantenere vivo ed interconnesso il sistema.

Se si osserva il mondo come una rete interconnessa, si comprendono il funzionamento ed i punti deboli di reti complesse, come quelle terroristiche e di relazioni all'interno di un'azienda. Il loro funzionamento è spesso molto diverso da quello che appare. La rete di relazione tra amministratori di aziende che siedono in più consigli d'amministrazione spiega come si possa controllare una serie di aziende pur non essendone proprietari. La rete che collega prede e predatori mette in luce i motivi dell'estinzione di una specie. Le connessioni logistiche possono essere ottimizzate con costruzioni di nuove strade o aeroporti nei punti più sensibili della rete. Tutto ciò che ci circonda può essere compreso e interpretato per la sua posizione nel sistema di rete a cui appartiene.

7.1.1 Creare un mondo in rete

Un servizio per i clienti di una società può essere creato dagli stessi utenti. Per veicolare un messaggio con un effetto di propagazione, si possono utilizzare gli stessi destinatari.

YouTube offre un servizio di pubblicazione e visione di video e ne contiene ormai milioni, tutti inseriti dai suoi visitatori. Nessuna rete televisiva può competere per numero di filmati disponibili on line e persino la promozione del servizio è fatta direttamente dai visitatori. Infatti, dopo aver caricato un filmato, il creatore è interessato a comunicarlo a più gente possibile. YouTube è la dimostrazione che il contenuto di un servizio e la sua promozione possono essere delegati agli utenti. Si tratta di una tecnica che rende il servizio fuori dalla portata di chi si affida alle logiche tradizionali. Per organizzare ex novo sistemi complessi è necessario concentrarsi infatti sui comportamenti individuali e non sull'organizzazione nel suo complesso.

7.1.2 Le piccole cose che cambiano il mondo

Che si tratti di politica, economia, religione o organizzazione di un'azienda, i cambiamenti del sistema avvengono con piccole modifiche alle regole di interazione tra le persone o gli oggetti del sistema.
La somma dei comportamenti di una massa di persone è sempre superiore a qualunque sforzo di un singolo. Per questo, se si individua l'obiettivo da raggiungere ed il modo in cui l'interazione tra le persone può essere orientata, il problema è risolto.
A New York e a Bristol, permettendo alle macchine con più passeggeri di circolare su corsie preferenziali, si fa risparmiare fino a 40 minuti ai pendolari in entrata nelle città. Una piccola regola ha cambiato il comportamento di migliaia di persone, divenute più propense a non usare la propria macchina o a dare un passaggio a chi va nella stessa direzione. Le leggi che hanno più cambiato la vita sociale sono quelle che hanno regolamentato il comportamento del singolo. Il referendum sull'aborto ha fatto diminuire la popolazione (anche se di poco)[138], la legge sul fumo nei

---

138 http://misoprostol.blogspot.com/2008/03/aborto-allarmismo-ingiustificato.html

locali pubblici ha motivato i fumatori a smettere.

La promozione dei contraccettivi è uno dei migliori esempi di come si possa cambiare lo stato di salute di una nazione. In uno dei Paesi più colpiti dall'AIDS, l'Uganda, tra il 1990 ed il 2001, dopo una campagna per l'utilizzo del preservativo che veniva distribuito gratuitamente, l'incidenza dell'AIDS sulla popolazione è passata dal 15% al 5%.[139]

Se si modifica il modo in cui si interagisce, l'intero sistema può cambiare radicalmente.

---

139 http://www.washingtonpost.com/wp-dyn/articles/A48464-2005Feb23.html e http://www.health.go.ug/docs/hiv0603.pdf

TAGS

H

Hill, Rowland 21
Hornbaker, Ron 34
hub 51, 52, 75, 76, 86, 100, 104,
106, 123, 137, 173

I

Impero Romano 18
Inca 19, 20
Indymedia 29
influenza Spagnola 10

K

Karinthy, Frigyes 62, 63
Kiala 26
Königsberg 55, 56, 57

L

legami deboli 36, 37, 65, 100, 101

M

marketing virale 10
matrice di adiacenza 72, 73
Mediaworld 31
Metcalfe, Robert 30, 31, 33
Milgram, Stanley 60, 61, 62, 63
Mosca 79

N

Napster 3, 34, 35
numero di nodi 25, 50, 51, 86

O

Oracolo di Kevin Bacon 77

P

Pareto, Vilfredo 47
peer pressure 14, 15, 116, 117, 129,
133, 134, 137
piccoli mondi 3, 10, 60, 68, 105, 165
Pony Express 21, 22
Postcrossing 34
principio del minimo sforzo 48, 75

R

Reed, Daviv 32, 33
Rényi, Alfred 45, 58
rete a stella 41, 50
rete di potenza 46, 49, 50, 51, 52,
76, 86, 87, 104
reti casuali 45, 48, 50, 68
reti frammentate 68
Rinascimento 20

S

Sarnoff, David 30, 33
sei gradi di separazione 25, 60, 61,
            62, 63, 68, 139
social network 15, 60, 64, 128
Strogatz, Steve 25, 37, 68, 105

T

telegrafo 22
Teoria dei Grafi 56, 57
topologia 55, 56
Toyota 81, 82

V

Venezuela 10

W

Watts, Duncan 25, 37, 68, 104, 105

Y

Yunus, Muhammad 12, 13

Z

Zapatero, José Luis Rodríguez 29
Zipf, George Kingley 48, 75

Finito di stampare da L.E.G.O. S.p.a.
Stabilimento di Lavis (TN)
www.legolivotto.com
nel mese di novembre 2008